I0262668

www.ingramcontent.com/pod-product-compliance
Lightning Source LLC
Chambersburg PA
CBHW042034150426
43201CB00002B/22
* 9 7 8 0 9 8 5 3 7 7 2 0 5 *

Third Edition

حقوق النشر والتوزيع محفوظه لدى

دار الصديق للنشر والتوزيع

P.O.Box: 641 Amman-Jordan 11941
Tel: +962 6 565 404/ 5
Fax: +962 6 565 6402
Email: info@daralsadeeq.com

المملكة الأردنية الهاشمية

رقم الإيداع لدى دائرة المكتبة الوطنية

5089 / 12 / 2009

Written By: Dr. Fakhri Tommalieh - Majeda Hujeer

Design, implementation and editing
wa'ad diab al-ghussinu

Part 2

الجزء الثاني

ndividual sales: This book is available through Amazon.com, most of bookstores or can be ordered lirectly fromDar Alsadeeq Publishing at alsadeeq.usa@gmail.com.

For information about quantity special sales, schools, academic institutions, associations, corporate and retail purchases, please contact Dar Alsadeeq Publishing at alsadeeq.usa@gmail.com.

يتحمل المؤلف كامل المسؤولية القانونية عن محتوى
مصنفه ولا يعبرَ هذا المصنف عن رأي دائرة المكتبة
الوطنية أو أي جهة حكومية أخرى.

FIRST GRADE LEARNING ARABIC LANGUAGE
STEP- BY- STEP APPROACH
WORKBOOK
PART 2
THIRD EDITION

Written by Dr. Fakhri Tommalieh (Ph D) and Majeda Hujeer

Authors' Profile:

Fakhri Tommalieh (PhD): has more than 35 years' of experience, as classroom teacher, a Lecturer in Jordan State University, Curriculum Development Specialist for United Nations' Elementary Schools in the Middle East, and Dean of Amman Community College. Dr.Tommalieh is the author of numerous books and educational materials.

Majeda Hujeer has BA in education from the University of Jordan. She is a veteran educator with over than thirty years' of classroom teaching experience, who skillfully provide an effective, and positive classroom learning environment. Majeda Hujer is one of country's first known Elementary School levels educator, who is known for her dedication, and love for her students. Majeda is loved by her students, and trusted by their parents.

Designer: Wa'ad Diab Al-Ghussinu

ISBN # 978-0-9853772-0-5

Library of Congress Control Number : 2012904884

Published by Dar Alsadeeq Publishing and Distribution Copyright ©2012 by Dar Alsadeeq Publishing and Distribution. All right reserved. Printed in USA

Dar Alsadeeq Pulishing and Distribution Company LTD
grants teachers' permission to photocopy the reproducible pages from this book for classroom use. No other part of this publication may be reproduced in whole or in part, or stored in a retrieval system, or transmitted in any form by any means, electronic, mechanical, photocopying, recording, or otherwise without permission of the publisher. For information regarding permission, write to Dar Alsadeeq Publishing and Distribution at Alsadeeq.usa@qmail.com

Book Description:

This Workbook is designed to help Children to learn the Arabic Language by most experienced and respected exports in elementary school education field. The workbook offers several benefits including:

1. A focus on the final Arabic alphabet letters consonants, short vowels (diacritical marks) and more, by attaching name and sound to each letter. The first 16 alphabet letters have been introduced in the 1st Grade Learning Arabic language Step-By-Step Approach Workbook Part 1.

2. A beautifully illustrated workbook providing hundreds of colorful pages and fun activities to teach beginning readers to relate sounds to letters, to spark children's imaginations, and foster a love of learning.

3. Introduces the concept of printing with Arabic alphabet letters to children. The workbook teaches children to use simple combination of the Arabic alphabet letters to write a combination of simple words to build his / her self-esteem to develop reading and writing skills.

4. Introduces children to new vocabulary, by associating words with pictures. The workbook provides a picture that represents the feature word. The feature word is used in combination with other words to create simple phrases and sentences.

5. Introduces children to concepts of print and teaches children that written words are made up of varying combinations of letters.

6. Provides parents and teachers with new techniques and information on teaching methods.

7. Helps parents and teachers assess their children / students reading readiness.

8. A well thought out curriculum, which is designed for teachers by teachers. This workbook offers common sense strategies for veteran (seasoned) teachers to be more effective educators, and is a valuable resource for aspiring or new teachers.

9. A valuable resource for parents who want to supplement their children's schools textbook or teach their young children to read at home, or support their struggling children, by improving their reading skills. Young readers will benefit from this workbook inside, and outside of the classroom.

10. A valuable resource for parents who want to teach their US – born children their native Arabic language in a fun, home schooling environment.

11. This book has everything you need to teach first grade student the Arabic alphabet, script, writing, handwriting, reading, vocabulary, grammar, language basics and structure

12. If you are a teacher looking for practical knowledge, tested activities to create a positive impact on your student, and real tools that you can use to make the most of your student time, this workbook is for you.

مراجعة المهارات اللغوية في الجزء الأول

١ أَضَعُ الْحَرْفَ النَّاقِصَ بِشَكْلِهِ الصَّحِيحِ:

أُ...ْـرَةٌ

سَمَّا...َـةٌ

سَرِ...ـر

مِفْـ...َـاحٌ

خَمْسَـ...

...ُـغَلَّفٌ

عَلَـ...

إِصْـ...َـعٌ

٢ أُرَتِّبُ الْكَلِمَاتِ الآتيـة في كُلِّ سَطْرٍ لأُكَوِّنَ جُمْلةً مُفِيدَةً:

الْمُسْتَشْفَى ، في ، زَارَتْ ، مَنَالُ ، خَالتَها

....

الْمَدْرَسةِ ، جَاءَ ، فَادي ، إِلى ، نَشيطًا

....

أَوْرَاقُ ، تَسْقُطُ ، في ، الْخَرِيفِ ، الأَشْجَارِ

....

٣ أُكْمِلُ الْجُمْلَةَ الآتيـة بِكَلِمَةٍ مُنَاسِبَةٍ أختارها من الْكوب:

أَبيضُ ، لذيذٌ
مفيدٌ ، الأسنانَ
الْحَليبُ

قال الكوب:مرحبًا

أنا .... لَوْني ....

وَطَعْمي .... أُقوِّي .... والعظامَ

هل ستشربونني لِأنّي ....؟

٤ أُرَكِّبُ مِنَ الْحُرُوفِ في كلِّ سطرٍ كلمتين كما في الـمثال:

ف و ق	فوق	وقف
س ب ح	....	....
ح ب ر	....	....
ح ل م	....	....

٥ أَرْسُمُ سَهمًا بَيْنَ الْكَلِمةِ وَضدِّها كَما في الْـمِثَالِ:

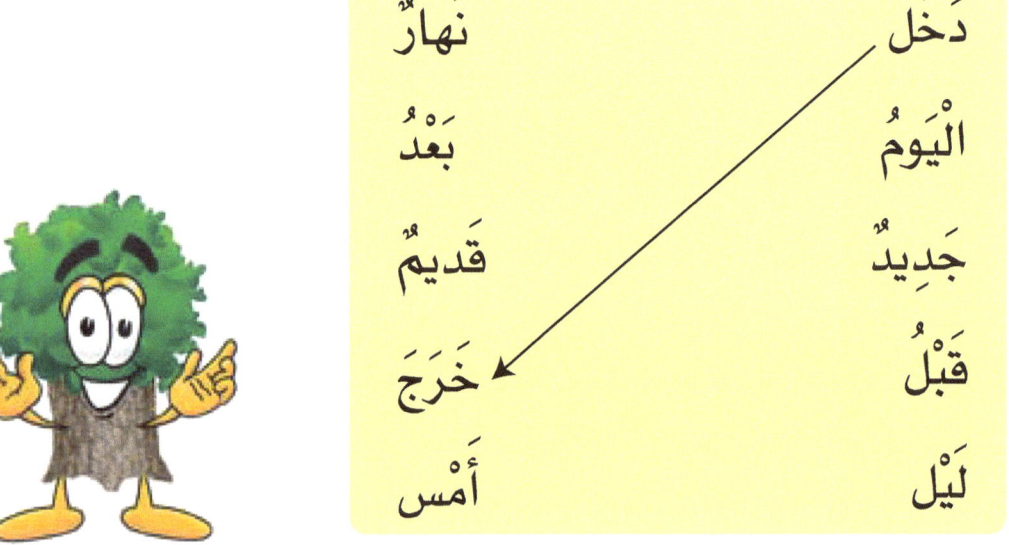

دَخَلَ	نَهارٌ
الْيَومُ	بَعْدُ
جَدِيدٌ	قَديمٌ
قَبْلُ	خَرَجَ
لَيْل	أَمْس

٦ أَعْكِسُ تَرتِيبَ كُلِّ كَلمةٍ لأُكَوِّنَ كَلِمَةً جَدِيدَةً ،وأضبطُ حروفَها بالشَّكلِ كما في المثال:

حُلم .... مِلْج .... حَلَب ....

شرق .... سَبَحَ ....

درب .... دلو ....

رَبِحَ .... قمر ....

حَرف .... علَبَ ....

٧ أَمْلأُ الْفَراغَ بكلمةٍ مُناسِبَةٍ أَخْتارُها من البالونات:

سَقَطَتِ الثِّمارُ ..... الشَّجرةِ.

وَضَعَ الطَّالبُ الْكُتُبَ ..... الْحَقيبةِ.

شَعَرَ الْمَرِيضُ ..... تَحسنٍ كَبيرٍ.

ذَهَبَ أَبي ..... عَمَلِهُ مُبَكِّرًا.

هذه الْكُرةُ .....خالدٍ.

٨ أُعيدُ تَرْكِيبَ الحروفِ،ثُمَّ أُكَوِّنُ مِنَ الْكَلِمَاتِ نَصًّا صَغيرًا:

م ي سَ رَ ةُ	بِ نْ تُ	حِ تُ بُّ ....
ا ل رّ سْ مَ	رَ مَ سَ تْ	حَ د ي قَ ةَ ....
ا لْ مَ دْ رَ سَ ةِ	ا ل جَ م ي لَ ةِ	

....

٩ أُرَكِّبُ مِنَ الْكَلِمَاتَ الآتيَة جُملةً أختارُها مِنَ المربعات،تبدأ بِـ:

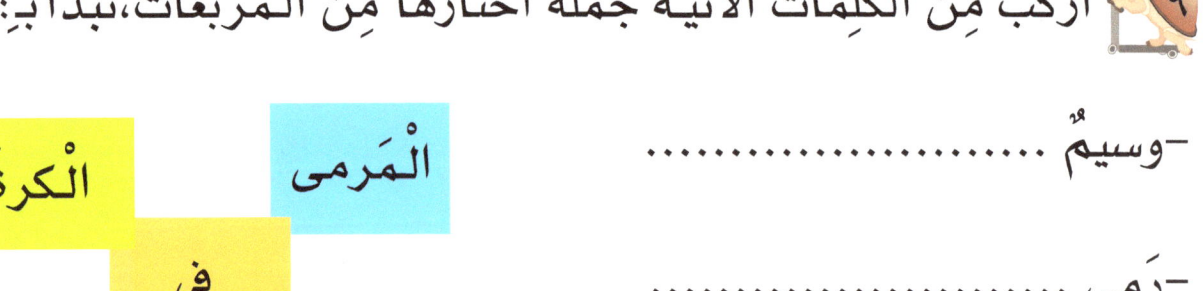

-وسيمٌ ....

-رَمى ....

-في ....

الْمَرمى

الْكرةَ

في

رَمى

وسيمٌ

١٠ أَكْتُبُ كَلماتٍ تعبِّر عن الصُّورة:

لَعِبَ الْأَوْلادُ ....

زَرَعَ جَدّي .... زيتونٍ

عَادَ سَامي وَرامي مِنَ ....

زَارَتْ دَلَالُ بيت ....

اشْتَرى أَبي ....

١١ أُرَقِّمُ الْجُمَلَ الآتيـةَ بِحَسَبِ التَّسَلْسُلِ الزَّمنيِّ:

- سَمِعَ باسِلٌ تَغريدَ عُصْفورٍ.
- وأَنْشَدَ أُنْشُودَةً جميلَةً.
- فَنَهَضَ مِنَ نَوْمِهِ.
- وَقَفَ عُصْفُورٌ على غُصْنِ شَجَرَةٍ.
- واسْتَمَعَ باسِلٌ إلى أَلحانِ الْعُصْفُورِ.

❖❖❖ أُكْتُبُ الْجُمَلَ السّابقةِ لأَحْصُلَ على نَصٍّ:

....

....

....

القراءة

الدرس السّابع عشر

تنوينُ الكَسْرِ: صوتًا، نُطْقًا، رَسْمًا وتَجْريدًا

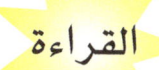

١ أَقْرَأُ أَمامَ أَحَدِ أفرادِ أُسْرَتي مُظْهرًا تنوين الكسر:

- وقف البلبل على شجرة زيتونٍ.
- يسبحُ رائدٌ في بركةٍ نظيفةٍ.
- وَضَعَتْ أُمِّي الطَّعامَ في ثَلاجةٍ جَدِيدةٍ.
- يَقِفُ الْعُصفورُ على شَجرةٍ عَاليةٍ.
- حَديقةُ عامِرٍ مُثْمِرةٌ.

٢ أَسْمَعُ قِراءَةَ الْمُعَلِّمِ...ثُمَّ أَضَعُ تنوينَ الْكَسْرِ في الْمَكانِ الْمُناسِبِ:

حَديقةُ عامِر مُثْمِرةٌ

يَقِفُ الْعُصْفُورُ فَوْقَ غُصْن مُثْمِر

جَلَسْتُ تَحْتَ شَجرة كبيرة

أُصِيبَ الطِّفْلُ بِجُرْح كَبير

٤ أُكمل بوضع (ت   ة) كما في المثال:

القريـ......	(القرية)	مُعلِّما......	(معلّمات)
الحديقـ......	( )	مكتبا......	( )
الطائرَ.....	( )	بُيو......	( )
المدينـ......	( )	مجلّا......	( )
السفينـ......	( )	مكتبـ......	( )

٥ أُرَقِّمُ أَحْداثَ القِصَّةِ:

- [ ] وعالَجَهُ
- [ ] استيقظ فادي من نومِه مبكرًا
- [ ] فوَجدَ عصفورًا على الأرض
- [ ] حَمَلَ فادي الْعُصْفورَ
- [ ] ثُمّ وضَعُه في الْقفَصِ
- [ ] وعِنْدما شُفِيَ فَتَح لَهُ بابَ الْقَفَصِ
- [ ] فطارَ العُصْفور

٦ أَقْرأُ التّركيبَ اللُّغويَّ ثُمَّ أُكوِّنُ على مِثالِهِ تراكيبَ جديدةً:

حَضَّرَتْ أمي الطَّعامَ ثُمَّ أَكَلْنَا

....

....

٧ أُحَلِّلُ الْكَلماتِ الآتيةَ إلى حُروفِها الأَصْليَّةِ كما في المثالِ:

مُسْتَشْفى ← م س ت ش ف ى

أَقْفاصٌ ←

كَسْرٌ ←

حديقةٌ ←

الرِّفْقُ ←

الْحيوانُ ←

٨ أَصِلُ بَيْنَ الْحَرْفِ والْمَقْطَعِ الْمُناسِبِ ثُمّ أَكْتُبُ الكَلِمةَ:

صُـ	يوفٌ	(..............)
ضُـ	خورٌ	(..............)
صُـ	روفٌ	(..............)
خَـ	صانٌ	(..............)
حِـ	حونٌ	(....صُحونٌ....)

١٠ أُكَوِّنُ من الحُروفِ المتفرِّقةِ كَلِماتٍ، ثمّ أكَوّن مِن الكلماتِ جُمْلةً مفيدةً:

رَ سَ مَ | سَ ا مِ ي | بُ سْ تَ ا نًا

.... | .... | ....

فِ يِ ـهِ | أَ شْ جَ ا رُ | زَ يْ تُ و نٍ

.... | .... | ....

....

الدرس الثامن عشر

حرف الثّاء: صَوْتًا ،نُطْقًا ،تَرْكيبًا ،وتَجْريدًا ورَسْمًا

القراءة

ث

الفَصْـلُ شِتَـــاءٌ

يَوْمَ الثُّلاثَاءِ قُمْنَا مَعَ الْمعلِّمةِ بِرِحْلَةٍ إِلى جِبال عَجْلون حَيْثُ لَبِسَتِ الْأَرْضُ ثَوْبَها الْأَبْيَض.

يا اللّهُ! ما هذا الْمَنظرُ الْجميلُ؟!

صَنَعَ ثابتٌ رَجُلَ الثَّلج وتَراشَقَ الطُّلابُ بالْكُراتِ الثَّلْجيةِ وَبَعدَ ذَلِكَ عُدْنَا فَرِحِينَ.

١ أُجيبُ عَنْ الْأَسْئِلَةِ الآتيـةِ إِجابَةً كامِلَةً:

-في أيِّ يومٍ قُمْنا بالرِّحلَةِ ؟

....

-ماذا فَعَلَ ثابِتٌ بالثَّلْجِ ؟

....

-في أي فَصْلٍ يَنْزِلُ الثَّلْجُ ؟

....

 ٢ أَخْتَارُ الْكَلِمَةَ الْمُلَوَّنَةَ الَّتِي تُكْمِلُ مَعْنَى الْجُمْلَةِ:

- نَزَلَ الثَّلْجُ يَوْمَ ....

- حَمَلَ .... كُرَةً ثَلْجِيَةً

- قَالَ غَيْثٌ: الثَّلْجُ ....

- قَالَتْ وَفَاءُ: .... جَمِيلٌ

- قَالَ ثَابِتٌ: .... لِلَّه

- عَلَى الشَّجَرةِ .... عَصَافِير

الثُّلاثاءِ
ثَوْبِي
هَيْثَمُ
أَبيضُ
ثَلاثَةُ
الْحَمْدُ

 ٣ أُلَوِّنُ أَسْفَلَ الصُّورةِ الَّتِي يَحْتوي اسمُها صَوْتَ (ث) .

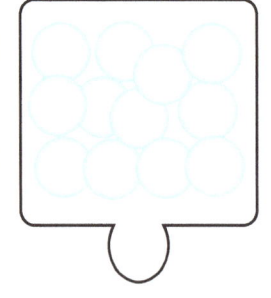

٤

من أَنا...؟!

ث

-لَوْني أَبْيَضُ ،لي رائِحةٌ ، تَضَعُني أُمّي عَلى الطَّعام ، لِيصْبِحَ شَهيًّا

وَيَبدَأُ اسمي بالحرف (ث) أَنا ....

-مُطرّزٌ بألوانٍ جميلةٍ تَرْتَديني الْمرأةُ أنا ....

-رَقْمٌ في الرِّياضياتِ أَسْبِقُ الْعدد (أَربعة) أنا ....

-أَنْزَلُ في فَصْلِ الشِّتاءِ لَوْني أَبيضُ جَميلٌ أَنا ....

-حيوانٌ غيْرُ أَليفٍ أَتَّصِفُ بالْخِداعِ وَأسطو على الدَّجاج

والْأَرانبِ أنا ....

-مَكانٌ أَحْفَظُ بِهِ الطَّعامَ مِنَ الْفَسادِ أَنا ....

٥ أختارُ الشّكْلَ المُناسِبَ لِحَرْفِ (ثـ ، ث) وأكتُبُه:

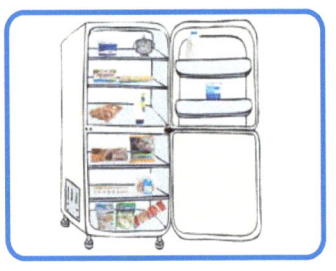

مثلـ...

...ور

...ـلاجة

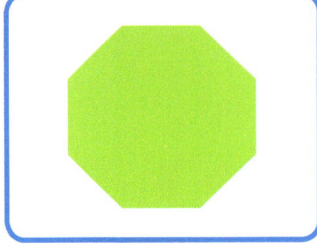

...علب

...ماني

...مار

٧ أُكْمِلُ كِتَابَةَ الْجدول كما في المثال:

مُفرد يعني واحدًا	مُثَنَّى يَعْني اثْنَيْن	جَمْعٌ يَعْني أَكثر من اثْنين
ولد	ولدان	أولاد
....	جبلان	....
....	....	عصافير
مقعد	....	....
....	قلمان	....
باب	....	....

٩ أَصِلُ الْجُمْلَةَ الَّتي تُناسِبُ كُلَّ صُورَةٍ لِأُكَوِّنَ قِصّةً قصيرةً:

وَحملَ المِظلّةَ

نزل الثَّلجُ

لَبِسَ لَيْثٌ ثيابَهُ

خَرج ليثٌ إلى الحديقةِ

ثُمّ عاد إلى البَيْتِ مُسْرعًا

....

....

....

١٠ أَقْرَأُ الْجُمْلةَ الآتيـة وأَكتُبها:

يزرعُ ليثٌ الثَّوْمَ

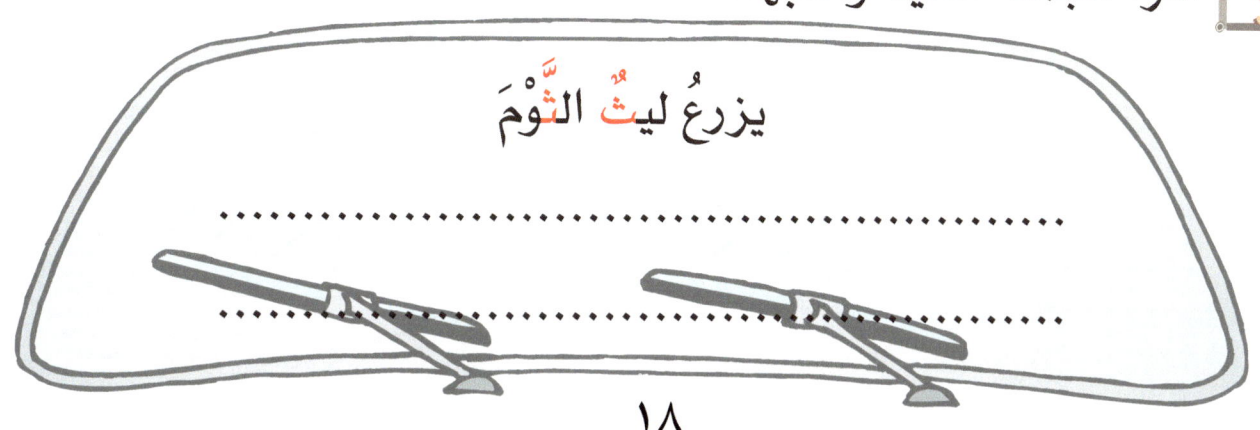

....

....

القراءة

ف

الدرس التَّاسِعَ عَشَرَ

حرف الفاء: صوتًا ،نطقًا ،تجريدًا ورسمًا

اسْتِعْمالُ الدَّواء

مَرِضَ أَخي لَيْلًا وَارْتَفَعتْ دَرَجةُ حَرارتِهِ فَأَخَذَتْهُ أُمِّي إِلى قِسْمِ الطَّوارِئ في الْمُسْتَشْفَى...

فَحَصَ الطَّبيبُ أَخي،وَطَلَبَ مِنْ أُمّي أَخْذَهُ إِلى الْمُخْتَبَرِ لإِجْراءِ بَعْضِ الْفُحُوصاتِ،ثُمَّ قَدَّمَ الطَّبيبُ لَهُ العِلاجَ الْمُناسِبَ فَصَرَفَتْ أُمِّي لَهُ الدَّواءَ مِنَ الصَّيْدَلِيَّةِ.

١ من أنا ؟

- تُجْرَى داخلي الإِسْعافاتُ الأوليَّةُ: ....

- يُصْرَفُ منِّي الدَّواءُ: ....

- تُجْرَى داخلي الْعَمليّاتُ: ....

- تُجْرَى في أجهزتي تَحاليلُ الدَّم: ....

٢ أَقرأُ وأَكْتُبُ حرف فـ ف بشكله الصَّحيح:

فوفو الضَّائِعُ

...ُو...ُو كَلْبٌ لَطيـ...ٌ،أَضاعَهُ صَاحِبُهُ،وأَمْضى نِصْ...َ

نهارٍ يـ...تِّشُ عَنْه،وَلَكِن دُونَ أن يَعْثرُ عَلْيهِ، ...َجْأَةً

ظَهَر قَادِمًا مِنْ الطَّريقِ الْعامِّ،فَأَسْرَعَ صَاحِبُهُ نَحْوَهُ،

والدُّموعُ تَتَساقَطُ مِنْ عَيْنَيه ...َرَحًا،فَقالَ صاحِبُهُ:

مِنْ الْآن ...َصاعِدًا،لَنْ أَسْمَحَ لك،بالْخُروجِ مُنْـ...َرِدًا.

٣ أَكْتُبُ كما في المثال:

مَنْ هذه؟ هذهِ بنتٌ

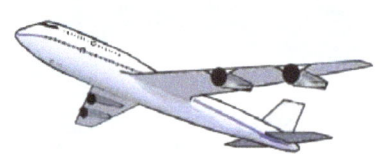

من هذا؟ ....

ما هذِهِ؟ ....

ما هذا؟ ....

ما هذِهِ؟ ....

ما هذا؟ ....

٤ أميِّزُ صَوْتَ فُ فو

فُولٌ فُلٌّ مَلْفُوفٌ

فُصُولٌ فَرَاشَةٌ

٥ أَبْحثُ عن الجَوابِ في الـمُرَبّعاتِ :

ف	ي	ر	خ
ه	ف		ر
د			و
ل	ص	ي	ف
		ل	
		ف	

١-أَحَدُ فُصُولِ السّنَةِ:.......................

٢-نَأْخُذُ مِنْهُ الصُّوفَ:.......................

٣-حيوانٌ غيْرُ أَليفٍ:.......................

٤-اسمُ علمٍ مُذكَّرٍ:.......................

٧ أُعيدُ كِتابَةَ حَرف ف ف في الْكلماتِ الآتيـة كَما في الْمِثال:

خريفٌ عفاف فارسٌ

ـف ....

فِيلٌ مَلْفوف عَريفٌ

....

صُوفٌ خَروفٌ شَفَّافٌ

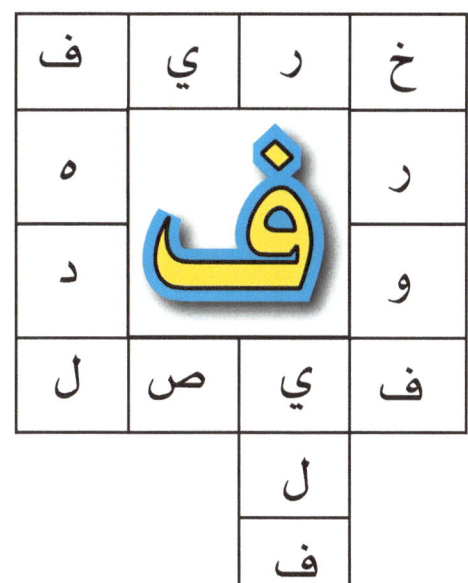

....

الدَّرْسُ العِشْرونَ

حَرْفُ الصَّادِ: صَوْتًا، نُطْقًا، تَرْكيبًا، تَجْريدًا وَرَسْمًا

القراءة
الصِّدْقُ في الْقَوْلِ
ص

صادِقٌ تِلْميذٌ مُهَذَّبٌ، يُحِبُّ الصِّدْقَ، وأَصْدِقاؤُهُ كُلُّهُم صادِقونَ. سَأَلَهُ الْمُعَلِّمُ يَوْمًا: ما أَحَبُّ الصِّفاتِ إِلَيْكَ؟ فأجاب: أُحِبُّ الصِّدْقَ في القولِ، فلا أَكْذِبُ. فقال الْمُعَلِّمُ: وما أَحَبُّ الأعمالِ إِلَيْكَ؟ قال صادِقٌ: أُحِبُّ الرَّحَلاتِ في فَصْلِ الرَّبيعِ، وأُحِبُّ الصَّيْدَ، وصُعودَ الْجِبالِ، وسَماعَ صَوْتِ الْعَصافيرِ، تُغَرِّدُ على الأغصانِ وأَحَبُّ سَماعَ صِياحَ الدِّيكِ في الصَّباحِ، فأَصْحو من نَوْمي مُبَكِّرًا.

١ أَمْلأُ الفَراغَ بأَحدِ الْحرفين س ص :

في فـ...ل الـ...َّيف تبدو الـ...َّماءُ ...افيةً ، أَمّا في فـ...لِ الْخريفِ فَتَـ...فَرُّ أوراقُ الأَشْجارِ، وَتتـ...اقطُ على الأرض في الْحقولِ والْبـ...اتين. وفي فـ...لِ الشِّتاءِ ، تتلبَدُّ الْغيوم في الـ...َّماءِ.

٢ اكْتُبْ كَلِمةً تحتوى حرف ص

أول النَّهارِ ....

عَكْسُ الْكَذِبِ ....

مكانٌ نَحْفَظُ فيهِ الأَشياء ....

فَصْلٌ من فُصولِ السَّنَةِ ....

الامتناع عن الطّعام والشّراب ....

صَغيرُ الدّجاجةِ ....

جَمْعُ حِصّةٍ ....

مُفرَدُ قصِصٍ ....

وعاءٌ نَضَعُ فيه الطّعامَ ....

٤

من أنا.......

جوابي يَجِبُ أن يَحْتويَ حَرْفَ الصَّاد.

أنا نباتٌ صَحْراويٌّ، أوراقي أشْواكٌ، يأكلني النَّاسُ صَيْفًا ....

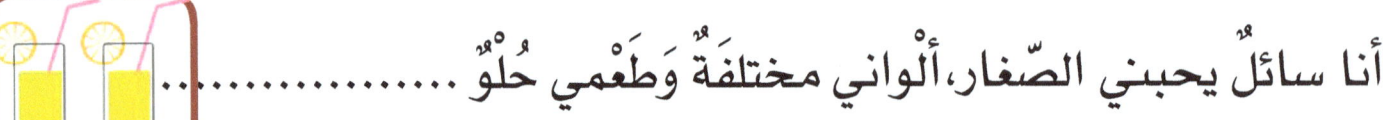

أنا سائلٌ يحبني الصّغار، ألْواني مختلفَةٌ وَطَعْمي حُلْوٌ ....

يَصنَعُ النَّاسُ مني الثِّيابَ الشَّتَوِيَّةَ ....

٦ أَكْتُبُ رَقم الْكَلِمَةِ التي تَحْمِل ضِدَّ المَعْنى،كما في المثال:

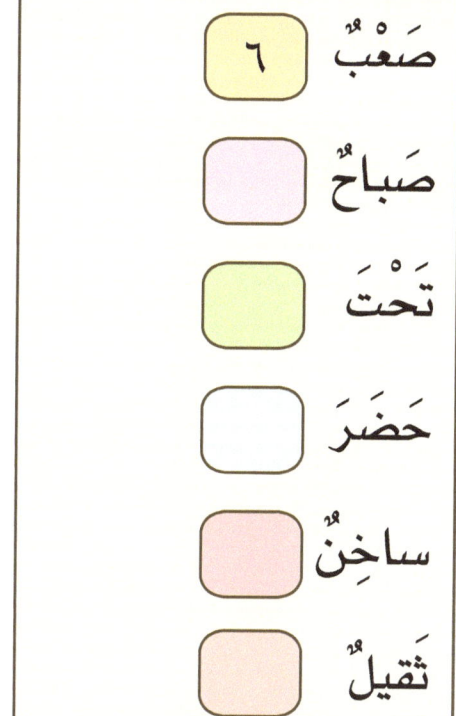

صَعْبٌ	٦
صَباحٌ	
تَحْتَ	
حَضَرَ	
ساخِنٌ	
ثَقيلٌ	

١ غابَ	٢ فَوْقَ	٣ مساءٌ
٤ بارِدٌ	٥ خَفيفٌ	٦ سَهْل

٧ أَقْرَأُ التَّرْكِيبَ الآتي ثُمَّ أُكَوِّنُ تراكيبَ جديدةً:

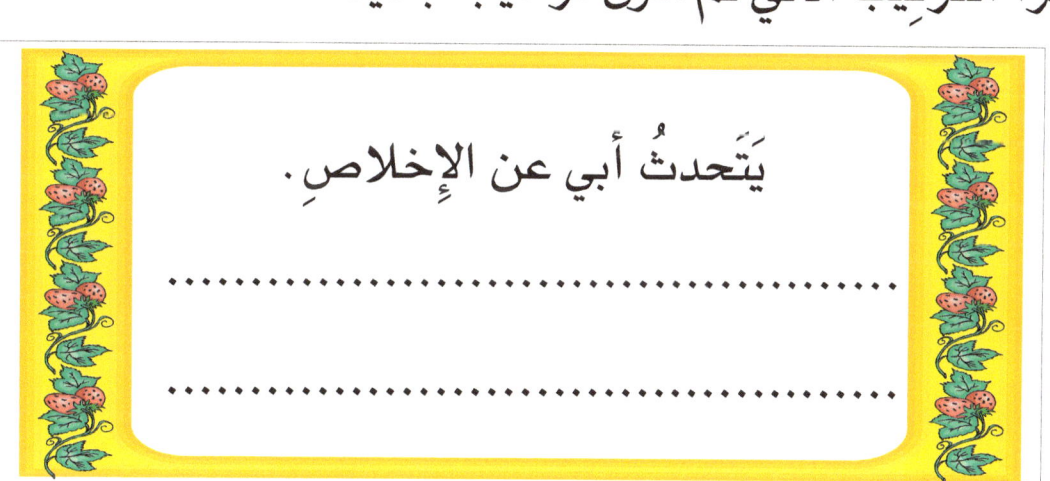

يَتَحدثُ أبي عن الإِخلاصِ.

....

....

٨ أكتب:

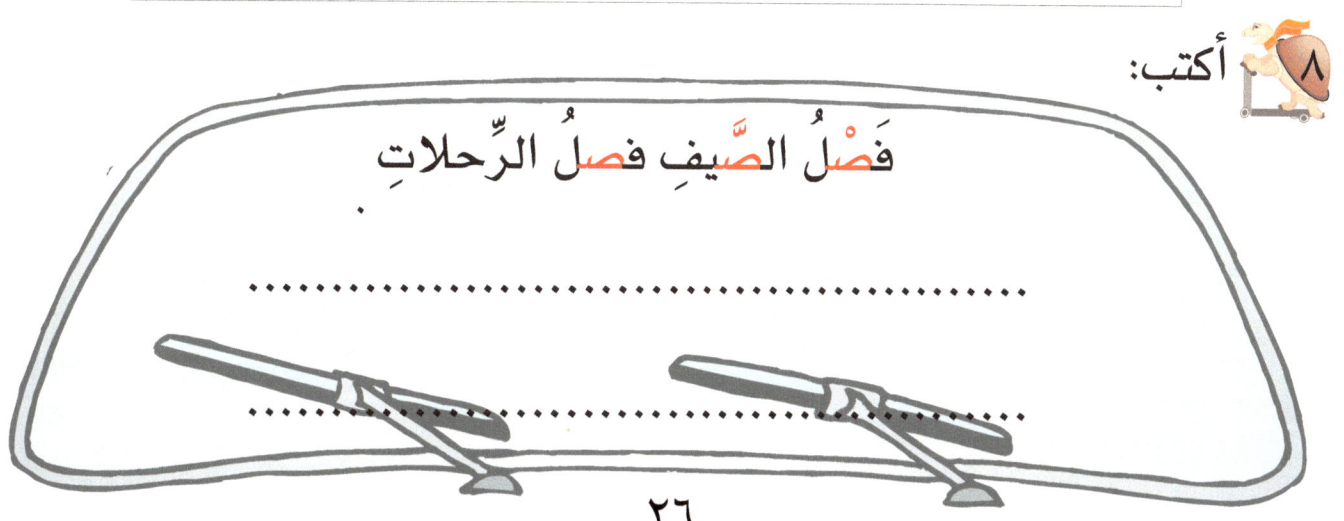

فَصْلُ الصَّيفِ فصلُ الرِّحلاتِ

....

....

مُراجعةٌ عامةٌ

للمهاراتِ اللّغويةِ من الدّرسِ السّابع عشر
إلى نِهَايَةِ الدَّرْسِ العشرين

ث-ف-ش-ص

١

أُكْمِلُ كما في المثال:

هَذا رَجُلٌ	هَذِهِ أُمٌّ
.... دَفْتَرٌ	.... قلمٌ
.... مُعلِّمٌ ناجِحٌ وَ	.... مُعلِّمةٌ ناجحةٌ
.... الكتابُ لَكَ وَ	.... الورقةُ لي
.... هي جدّتي وَ	.... هو جَدّي

٢

أُكْمِلُ حَسَبَ النَّمَطِ الآتي :

يَتَحَدَّثُ أَبي عَنِ الصِّدقِ

يَتَحَدَّثُ أَخي عَن ....

تَتَحَدَّثُ أُمّي عَن ....

٣ أُرَكِّبُ مِنَ الْكَلِماتِ جُمَلًا مُفِيْدَةً:

صُورَةَ رامي خروفٍ يَرْسُمُ

....

الْعِنَبِ يَشْرَبُ عَصيرَ فادي

....

من إلى غُصنٍ الْعَصافِيرُ تَنْتَقِلُ غُصنٍ

....

يَنْزِلُ الشّتاءِ بِغزارةٍ الْمطرُ في فَصْلِ

....

كُرَةَ سامِرٌ يَلْعَبُ الْقَدَمِ

....

٤ أكْمِلُ الْجُمَلَ في العمودِ الثَّاني كما في الْمثالِ:

نجحَ فارِسٌ

نامَ زيدٌ

كَتَبَ عَوْنٌ

دَرَسَ طارِقٌ

رَسَمَ زُهَيْرٌ

نَجَحَتْ... لَيْلى

.... سَلْمى

.... سَلْوى

.... تالةُ

.... سَوْسَن

٥ أَضَعُ ث س ص في الْمكان الْمُناسِب:

❖ ركِبَ هَيْـ...ـمُ حـ...ـانًا.

❖ لَبِـ...ـت ...ـفَاءُ ...ـوبًا أَ...ـفرَ.

❖ ...ـميرةُ خَرَجَتْ من الـ...ـفِّ.

❖ عِندَ جَدّتي ...ـلا...ـةُ صِيـ...ـانٍ.

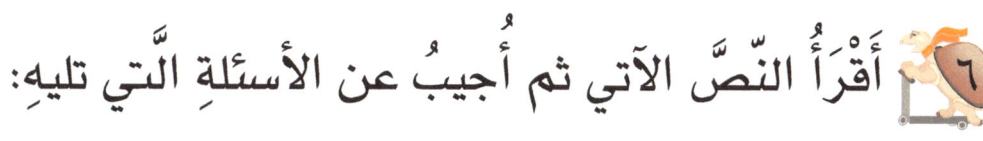

٦ أَقْرَأُ النّصَّ الآتي ثم أُجيبُ عن الأسئلةِ الَّتي تليهِ:

....

تَحَدَّثَ مُعَلِّمُ الرِّياضةِ إلى التَّلاميذِ،سائلًا:

أيَّ الْأَلْعابِ تُحِبُّونَ؟

قال ثابتُ:أحبُّ كُرَةَ الْقَدَمِ

قالت صفاءُ:أحِبُّ نَطَّ الْحَبْلِ

قال التَّلاميذُ:نحنُ جميعًا نحِبُّ الرِّياضةَ،فالرِّياضَةُ مُفيدَةٌ

- أكْتُبُ عُنْوانًا للنَّصِّ؟

....

- ماذا أجابَ التَّلاميذُ؟

....

- استخرج من النّصِّ

حَرْفَ جَرٍّ

كَلِمةً تدلُّ على جَمْعٍ

اسمَ علمٍ مؤنَّثٍ

اسمَ علمٍ مُذَكَّرٍ

كلمةً فيها حرف(ص)

كلمةً فيها حرف(ث)

نَوْعًا مِنْ أَنواعِ الرِّياضة

الدّرسُ الحادي والعِشْرون

تنوينُ الفتح والضّمِّ:صَوْتًا ،نُطْقًا ،تَجْريدًا وَرسْمًا

القراءة

حِصّةُ الْفَنِّ

دَخَلتْ معلّمةُ الْفَنِّ الصَّفَّ،وفي يدها ألوانٌ وأَوراقٌ وصورٌ جميلةٌ . عَرَفَتِ الطّالباتُ أَنَّ المعلّمة سَوْفَ ترسُمَ صورًا مُلوَّنةً،وأَنّها سَتَطْلبُ إلى التِّلميذاتِ أن ترسُمَ كُلُّ واحدةٍ صورةً لشيءٍ تحبُّه،فَرَسَمتْ فادية قِطًّا جميلًا ، ورسمت فاطمةُ أرنبًا مُزْرَكَشًا،أمَا خالدٌ فَرَسَم فَراشةً تَطيرُ حَوْلَ الْمِصْباح.

١ ماذا طَلَبتْ الْمُعَلّمَةُ إلى الطّلَبَةِ؟

....

ماذا رَسَمت فاطِمةُ؟

....

ماذا رَسَمت فاديةُ؟

....

ماذا رَسَمَ خالِدٌ؟

....

- والآنَ أَرْسُمُ الشَّيْءَ الذي أُحِبُّهُ:

٢ أَحْذِفُ ألْ ثُمَّ أَكْتُبُ الْكَلِمَةَ مَعَ تَنْوينِ الْفَتْحِ كَما في الْمِثالِ:

زُرْتُ الْمَصْنَعَ	زُرْتُ مَصْنَعًا
قرأتُ الْجَريدةَ	قرأتُ ....
عُدتُ في الْمَساءِ	عُدتُ ....
نسجتُ الصُّوفَ	نسجتُ ....
غَسلْتُ الطَّبقَ	غَسلْتُ ....

أستنتجُ وأكتبُ في الفراغِ:

ألـ التَّعريفِ ....

التَّنوينُ ....

٦ أَضعُ تَنْوِينَ الْفتحِ فَوْقَ كُلِّ كَلمةٍ مُلوَّنةٍ عند سماع قراءةَ الـمُعَلِّمةِ:

صَارَتْ الطَّبيعَةُ جميلة

أَصْبَحَ الْعِنَبُ زبيب بعد تجفيفهِ

صارَ الْقَمرُ بدر

ما زالَتْ الْحَرارةُ عالية

قرأْتُ جزء من القصَّةِ

٧ أُكْمِل حَسَبَ النَّمَطِ الآتي:

أَصْنَعُ مِنَ الْقشِّ طَبَقًا

....

....

الدَّرسُ الثاني وَالعشرون

حرف الشّين : صوتًا ،نطقًا ،تركيبًا ،تجريدًا ورسمًا

القراءة

ش

الـفَــراشُ الْـمُــزَرَكَـــشُ

أَقْرَأُ نَصًّا طويلاً ،أستوعِبُ،وَأُحَلِّلُ،وَأُرَكِّبُ،كلماتٍ وجُمَلاً .

خَرجتْ شيمْاءُ وَصديقتُها بُشْرى،في رحلةٍ جبليَّةٍ،تقعُ شَرْق الْقريةِ.
تجوَّلت شَيمْاءُ وبُشرى بَيْنَ الْأزهارِ.شاهَدْت بُشرى فراشةً حَمراءَ.وشاهَدَتْ شيماءُ فراشةً مُزرْكَشَةً.قالت شيماءُ لِصَديْقَتِها بُشرى أيُّ الْفَراشِ أجملُ الْمُزركشُ أَمِ الأَحْمرُ؟قالت بشرى الْفَرَاشُ الـمُزركشُ أجملُ،ولَكِنَّ شوكةً حادةً وَخَزَتْنِي وأنا أحاوِلُ أن أُمسِكَ واحدَةً منها.

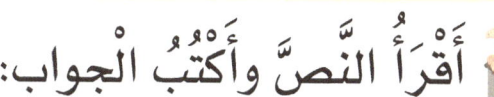

١ أَقْرَأُ النَّصَّ وأَكْتُبُ الْجواب:

-إلى أَيْنَ ذَهَبَتْ بُشرى وشيماءُ ؟

....

-ما أجملُ الفَراشِ عِنْدَ بُشْرى ؟

....

-ما أجملُ الفَراشِ عِنْدَ شيماءَ ؟

....

-ما رأيُكَ هل تَستحقُ بُشْرى وَخْزَ الشَّوْكَةِ لها؟

....

٢ أُلَوِّنُ الـمُرَبّعات الّتي تُؤَلِّفُ كَلِماتُها جُمْلَةً مفيدةً .

اتَّجَهَ | عادَ | الطّلابُ | شادي | إلى | غرفة | الصَّفِ

....

تَنَاوَلَتْ | شُروق | غَسَلَت | يَدَيْها | فطورَها | قَبْلَ | الذَّهابِ | إِلى | الْمَدْرَسَةِ

....

٣ أُرَكِّبُ مِنَ المَقاطِعِ كَلِماتٍ .

اسْـ تيـ قـَ ظَ

....

فـَ شَـ رِ ب

....

الْحَـ ليـ بَ

....

شـا رَ ك

....

ترْ تيـ ب

....

الْـ بيْـ ت

....

صَـ با حًا

....

شـا دي

....

فـ ي

....

-أُكَوِّنُ من الكلماتِ السّابقةِ فِقْرةً وأَكْتُبُها .

....

....

....

٤ أُلَوِّنُ بالأَخضرِ الدّائِرةَ الّتي تُمثّلُ السُّلوكَ الصَّحيحَ للمُحافَظةِ على الآثار.

- أَكْتُبُ على الأَعْمِدةِ
- أُحافِظُ على نظافةِ الْمكانِ
- أَتَّبِعُ التَّعليماتِ للمحافظةِ على السّلامةِ
- آخُذُ بَعْضَ الْحجارةِ مِن الْأَماكِنِ الْأَثَريَّةِ

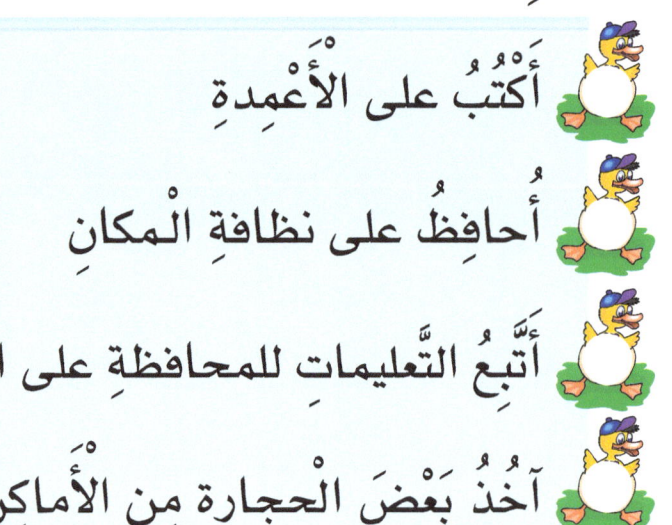

٥ أُكَوِّن من الْكلماتِ الآتيةِ جُمْلتَينِ مُفيدَتَيْنِ .

قَرَأَ   عَنْ   بِلادي   شادي   آثارِ

....

....

....

٦ أَكْتُبُ كلمةً قريبةً في مَعْناها من الْكلمةِ الْمُلَوّنَةِ:

سِرْنَا .... في شارعِ الأَعْمدةِ.

شاهَدْنا .... الْمَسرَح الشّماليَّ.

الْمَسرَحُ الشَّماليُّ شاسِعُ .... الْبناءِ.

ش

٧ أَتسابَقُ مَعَ زميلي في كِتابةِ كَلماتٍ تَحْوي حَرف (ش)

- تُضيءُ لنا النّهارَ وعنْدما تَغيبُ يأْتي اللّيْلُ ....

- الفصولُ الأربعةُ هي:الرَّبيعُ ، الصّيفُ ، الْخريفُ ....

- فَصْلُ الْبَرْدِ والْأمطار هو فصل..........

- عَكْسُ الْخَيرِ هو ....

- اسْمُ عَلَمٍ مُؤَنث ....

- فاكهةٌ صَيفيّةٌ أَوّلُ حَرْفٍ فيها (م) ....

- يُغطّي رَأْسَ الإنْسَانِ،لَوْنُه أَسْوَدُ أو أَشْقَرُ ....

- يُغطّي جِسْمَ الطّائِرِ..........

- حاسَّةٌ من الحواسِّ الْخَمْس ....

- تَسيرُ عليهِ السّيّاراتُ والمُشاةُ ....

٨ أَكْتُبُ الْكلماتِ الآتيـة بخطٍّ جميلٍ وأُرَكِّزُعلى حرف (ش) .

شُـروق مُشْـمُشٌ يَعيـشُ فِراشٌ

....

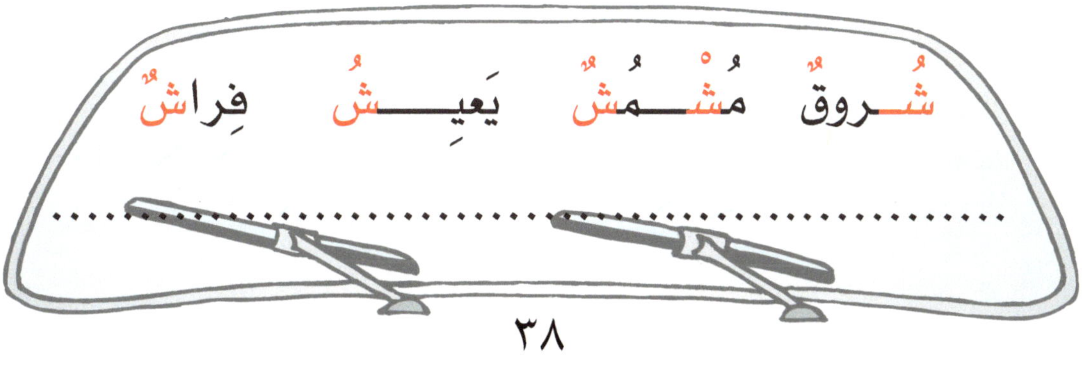

الدَّرْسُ الثَّالثُ والعشرون

حَرْفُ القَافِ: صَوْتًا ،نُطْقًا ،تَرْكِيبًا ،تَجْرِيدًا ورسمًا

القراءة

ق

الـرَّبيــعُ الأَخْـضَــرُ

أَقرأُ النَّصَّ أمام مُعَلِّمَتي ....

جاءَ الرَّبيعُ بَعْدَ الشِّتاءِ الْبارِدِ ،فاكتسَتِ الْأَرضُ ثوبًا أَخضرَ ،فقالَتِ الْمُعَلِّمَةُ :سَوْفَ نَذْهَبُ في رحلةٍ إلى حديقةٍ جميلةٍ.هناك جَلَسْنا على مقاعِدَ خشبيَّةٍ مُريحةٍ لمُشاهَدةِ الأَزْهارِ والْأَشْجارِ الجميلةِ.لَعِبْنا وَفَرِحنا. ثم جَمَعَ الطَّلَبَةُ الْقُمامَةَ وَوَضَعُوها في أَكياسٍ خاصّةٍ .

١ أَسْتَخْرِجُ مِنَ النّصِّ،وأكتبُ:

- كلمةً تَدُلُّ على لونَ ....
- كلمةً تَدُلُّ على جمع ....
- كَلمةً تَدُلُّ على السُّرور ....
- جُملةً تَدُلُّ على سلوكٍ سَليمٍ ....

٢ أضيفُ المقطع (وا) إلى الْفعل لأحصل على صيغةٍ جديدةٍ كما في المثال.

كَتَبَ + وا ← كتبوا

شَرِبَ + وا = ...

حافَظَ + وا = ...

لَعِبَ + وا = ...

دَرَسَ + وا = ...

٣ أُكْمِلُ كما في المثال :

قال أَبي : حافِظوا على الوقتِ

- قال طارقٌ: ....
- قالت رُقَيّةُ: ....
- قال الْمعلِّمُ: ....

٤ ما جَمْعُ الكلماتِ الآتيةِ:

مَقْعَدٌ	مَدْرَسَةٌ	شارِعٌ ....
مِصْعَدٌ	مِنْبَرٌ	مَكْتَبةٌ ....
لُعْبةٌ	شَجَرَةٌ	

٥ أَكْتُبُ حَرْفَ الْقَافِ (ق) بَدَلًا من الحرفِ الملّونِ.

كلْبٌ	ألم ....
سَمرٌ	حَبْل ....
مالَ	سورٌ ....
شَرفٌ	سَاَط ....

٦ أُكوِّنُ مِنَ الْكَلماتِ جُمْلةً مُفيدةً.

-جَلَسَ الطُّلابُ على .... مريحةٍ . (مقاعدَ - بِساط)

-.................. أَبي موضوعًا عَنِ الصِّدقِ . (قَرأَ - اشترى)

-اشْتَرى أبي الحاجاتِ مِنَ .... مُجَاوِرةٍ . (مستشفى - بَقَّالة)

ذَهَبَتْ أُمِّي إِلى .... لِشراءِ الملابسِ . (السُّوقِ - البقالة)

٩ أُعيدُ تَرْتيبَ حروفِ الكلماتِ الآتيةِ لِأُشكِّلَ كَلِمةً جديدةً وأكتُبها كما في المِثالِ:

رَقَدَ ...قِدْر	طارِقٌ	رَقَبَةٌ ....
رَقَمٌ	لَقَبٌ	قَوْسٌ ....
رَقَصَ	وَقَفَ	

٨ أَحْزِرُ وأكتبُ الأَحْجِيَةَ .

-أنا فاكهةٌ شتويةٌ كُرويةُ الشَّكلِ،لَوْنُها برتقاليٌّ،ومهمَّةٌ لحمايةِ أجْسامِنا من بَردِ الشِّتاء ورابِعُ حرفٍ من اسمي (ق) فما أنا..........

- أسْتَمِدُّ ضَوئي من الشّمسِ وأَظْهرُ ليلًا وأوَّل حَرْفٍ من اسْمي (ق) فما أنا ....

- يَسْتَخْدِمُني كَبيرٌ وصغيرٌ،لي عدَّةُ ألوانٍ،وأَكتبُ كُلَّ اللُّغات،وأوّلُ حَرْفٍ من اسْمي (ق) فما أنا ....

- يَجْلِسُ عَليَّ الطَّلبةُ في الصَّفِ،ومصنوعٌ مِنَ الخَشَب،واسْمي يحتوي حرف (ق) فما أنا ....

١١ أُشَكِّلُ من الْحروفِ الْمُبْعثرةِ الآتيةِ كلماتٍ.

-اسم حيوان ....

-جزءٌ من الجسم ....

-نَحْفَظُ به الماء ....

١٠ أَكْتُبُ الْحرفَ النّاقِصَ لأُرَكِّبُ كَلِمةً لَها مَعْنَى.

صديـ....

قَـ....ص

حَديـ...ة

صُندو.....

-أَكْتُبُ جُموعَ الْكَلِماتِ السّابِقةِ.

....

....

١٢ أَكتب بخطٍ جميل.

اقتَرَبَ قاسِمٌ مِن صديقِهِ طارِقٍ.

....

القراءة

الدَّرْسُ الرّابعُ والعِشْرون

حرف الجيم: لفظًا، نُطْقًا، تَجْريدًا ورَسْمًا

ج

نَجَاحُ جُود

أَقْرَأ، وأستوْعِبُ، أُمَيِّزُ (ألـ) الشّمسّية من القَمريّةِ وأقدِّرُ قيمةَ النّجاح:

احْتَفَلَتِ الأُسْرَةُ بِنَجاحِ جُودٍ وَتَفَوُّقِها في المَدْرَسَةِ، وَأَقاموا الاحْتِفَالَ في بيتِ جدِّها، رُسِمَتْ عَلَى وُجُوهِ الجَميعِ عَلاماتُ الفرحِ وَالبَهْجَةِ، وَقَدَّمُوا الهَدايا لجودٍ. شَكَرَتْ جُودُ الجَميعَ وَقَبَّلَتْ والِدَيْهَا وَجَدَّيْها، وَقالت: أُحِبُكُم جَمِيعًا.

١ أُجِيبُ عَنْ الأَسْئِلَةِ الآتيـة :

-بِماذا احْتَفَلَتِ الأُسْرَةُ ؟

....

-أَيْنَ كَانَ الاحتفالُ بِنجاحِ جُود ؟

....

-ماذا قَالَتْ جُودُ ؟

....

٢ أَسْتَخْرِجُ مِنَ النَّصِّ.

-اسمَ مُؤَنَّث:........................

-كلمةً تدلُّ على جَمْعٍ:........................

-كلمةً تنتهي بتاءٍ مفتوحةٍ:........................

-كلمةً تنتهي بتاءٍ مربوطةٍ:........................

-ثَلاثة كلماتٍ تحتوي حَرْفَ الْجيم(ج):........................

٣ أَتَسابَقُ مَعَ زَميلي شَرط أَنْ يَكونَ الْجوابُ يَحتَوي حَرف الْجيم ج

-عَكْسُ دَاخِلٍ ....

-مُفْرَدُ أَدْراجٍ ....

-يَوْمٌ من أيّامِ الْأُسبوع ....

-شيءٌ شفَّافٌ ويُغطّي النَّوافِذَ ....

-يساعدُ الطَّائِرَ على الطَّيران ....

-يُغطّي جِسْمَها الرّيشُ وَلها جناحانِ ولا تَطيرُ ....

٤

ما الْعِبارةُ الَّتي أَقُولها في الْمناسبات الآتية:

-الْوَدَاعُ:..

-للمريضِ:..

-للاعتذارِ:..

-في الْعيدِ:..

-في النَّجاحِ:..

-في اسْتِقْبَالِ الضُّيوفِ:..

٦

اجْمَعِ الأَحْرُفَ في كَلِماتٍ لها مَعْنى واكْتُبْها في الفْرَاغِ .

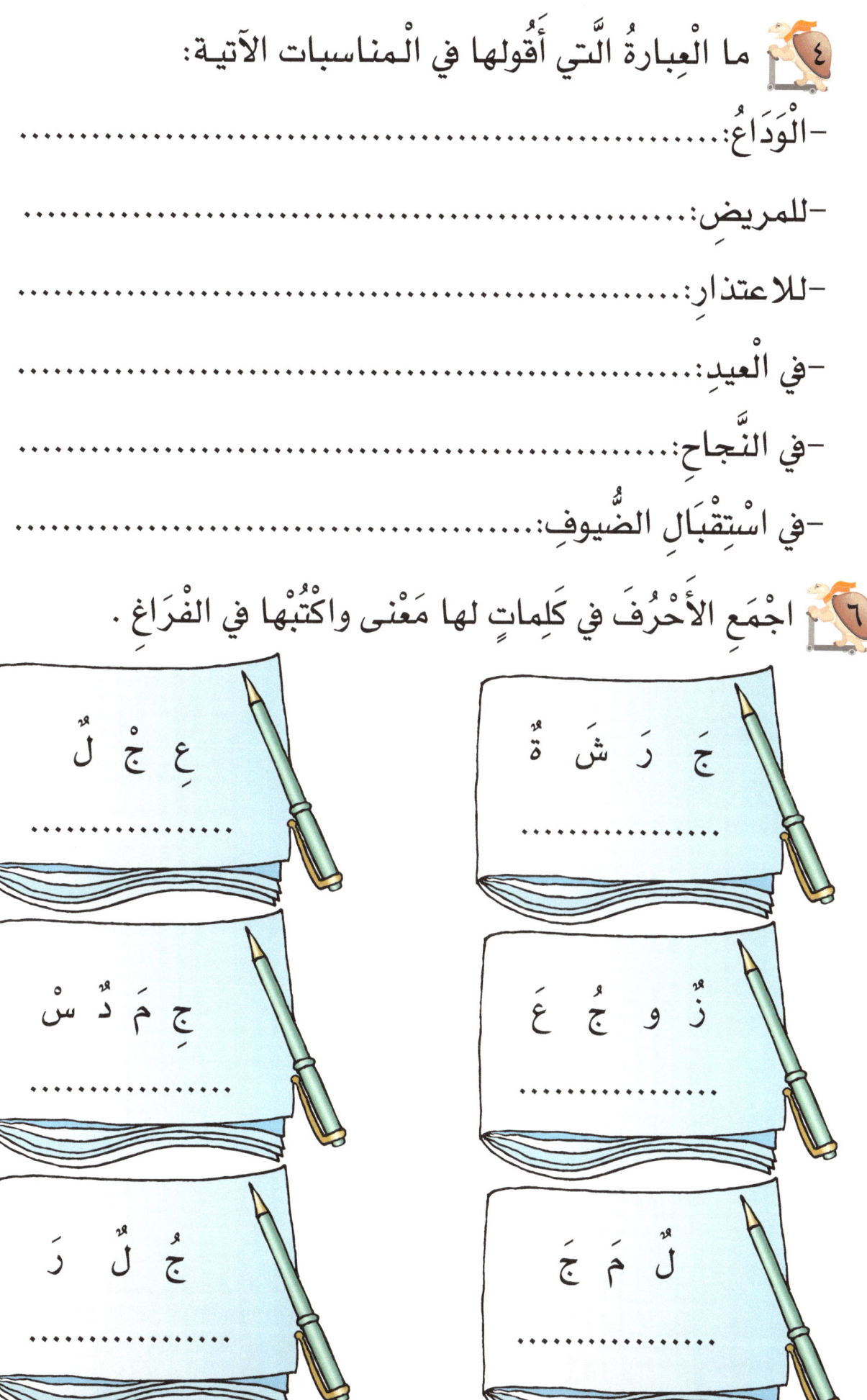

مُرَاجَعَةٌ عامَّةٌ
لِلدَّروس مِن الحادي والعشرين الى نهاية الرّابع والعشرين

٥ أَرْسُمُ ◯ حَوْلَ الكلمةِ الصَّحيحةِ:

يَسيرُ القِطارُ على سِكَّةِ الْحديدِ - الجديد

النَّمِرُ - الثَّمَرُ حيوانٌ مُفتَرِسٌ

قُرِع جَرَسُ البابِ - النَّابِ

نَحْنُ نَزْرَعُ الخَرز - الْجَزَرَ

جاءَت البناتُ - النّباتُ إلى الحَفْلةِ

٦ أُرَتِّبُ الأَحْداثَ الَّتي قامَ بها عَوْنٌ مِن واحِدٍ الى ستةٍ:

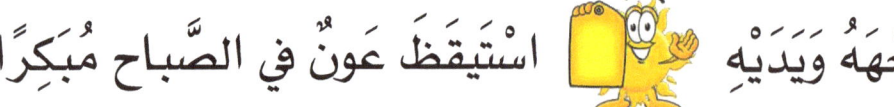

 فَغَسَلَ وَجْهَهُ وَيَدَيْهِ اسْتَيْقَظَ عَوْنٌ في الصَّباحِ مُبَكِّرًا

وتَناوَلَ إفْطارَه وارْتَدى ملابِسَهُ

فقَبَّلَ والِدَيْهِ ثُمَّ ذَهَبَ إِلى الْمَدْرَسةِ نشيطًا

٧ أمامي مجموعةٌ من الْكَلماتِ ضاعت منها كلمةٌ واحدةٌ أبحثُ عنها لأكوّنَ جُمْلةً مفيدةً .

(شَرِبَ الْحَليبِ الْولَدُ كوبًا)

(سافَرَ إلى سُوريّةَ)

(السّريرِ في الطِّفلُ)

٨ أكْمِلُ الْكَلِمَةَ بكتابةِ (التاء) الْمُلائِمَة :

قُبْعَـ...... وَرْدَ......

طَبيعـ...... أُرْجُوحـ......

زَهْرَ...... صَغِير......

رَاي...... طائرا......

فَتا......

١١ أَكْتُبُ الْكَلِمةَ الدّالةَ على الصُّورَةِ :

....

....

١٢ أُكْمِلُ كما في النَّمطِ اللّ

يُوْجَدُ في الْمَدرَسَة صُفوفٌ وساحاتٌ .

يُوْجَدُ في الْحَديقةِ ....

يُوْجَدُ في الْبَيْتِ ....

يُوْجَدُ في الْمَكتَبةِ ....

يُوْجَدُ في الْبقّالةِ ....

٤ أكتب كما في المثال:

-هذا جَدٌّ نشيطٌ	هذِهِ جَدَّةٌ نشيطةٌ
-هذا تلميذٌ مرتبٌ	....
-هذا هِرٌّ صغير	....
-هذا ولدٌ كبيرٌ	....

٩ أَكْتُبُ مُفْرداتِ الْجُموعِ الآتيـة:

أعمدة ....

أَماكن ....

مقاعِد ....

شوارع ....

مَدَارِسُ ....

أكْمِلُ الْكَلِمَةَ بوضعِ الْحرفِ الْمُناسِبِ.

- ...اهَدَتْ رجاءُ ..ملًا في الحديقةِ.
- نـَ..َـحَ ..ـلالٌ وقَدَّمَ لَهُ والده ..ـائزةً.
- رَسَمَ ..مالٌ ..ارِعًا وفيهِ مَمَرٌّ للمُـ..ـاة.
- أشعل ما..ـد ..معاتِ عيدِ ميلادِهِ العا..ـرِ.

الدّرس الْخامِسَ وَ العشرون
حرف الذّال: لفظًا، صَوْتًا، نُطْقًا، تَجْريدًا ورَسْمًا

القراءة

مـســابــقــة

ذ

أشرفَ معلّمُ الصّفِ الأوّل الأساسيِّ على مُسابقةٍ بَيْن بهاءَ ودُعاءَ في أيُّهما يذكرُ أسْماءً فيها حَرف (ذ) أكثر.

المعلّمُ مع بهاء :

* مَعْدِنٌ ثمينٌ نصْنعُ مِنْه الخواتمَ والأسَاورِ.
- ذَهَبٌ

* حيوان مفترسٌ يُشْبهُ الكَلْبَ يهاجمُ الدّجاجَ والأرانبَ:
- ذِئْبٌ

* كلمة بمعنى ذَنَبٌ:
- ذَيْلٌ

الْمُعَلِّمَ مع دُعاء :

* حشرةٌ ضارة تنزلُ على الطّعام
- ذُبابةٌ

* من صِفات الطّالبِ النّاجحِ:
- ذَكيٌّ

* جزءٌ من اليَدِ:
- ذِراعٌ

الْمُعَلِّمُ مَعَ بهاءَ.

* شَعْرٌ ينبتُ على وَجه الرَّجلِ
- ذَقْنٌ

ذَهَبٌ، ذِئْبٌ
ذَيْلٌ
ذبابة

٥١

❖ اسمُ إشَارة

- هذا

❖ حُبُوبٌ من عائلةِ القمح ،يُعْلَفُ بها الدَّجاجُ

- ذُرةٌ

الْمُعَلِّمُ مَعَ دُعاء

❖ بمعنى كلمةِ طالب.

- تلميذ

❖ بمعنى شُبَّاك.

- نافذة

❖ جَيِّدُ الطَّعْمِ

- لذيذٌ

شَكَرَ الْمُعَلِّمُ بهاءَ ودُعاءَ وكَتَبَ على اللَّوْحِ

ذَهَبٌ ،ذِئْبٌ ،ذَيْلٌ ،ذبابةٌ ،ذَكيٌّ ،ذِراعٌ ،ذقْنٌ ،هذا ،ذرةٌ ،تلميذٌ ،نافِذةٌ ،لذيذٌ .

صَفَّقَ التلاميذُ فَرِحِينَ.

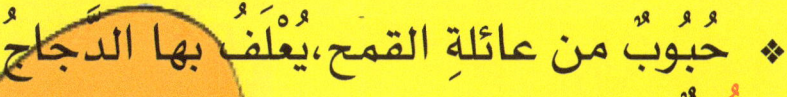

أَقْرَأُ الْمُسابقةَ وأجيبُ عمّا يأتي :

❖ أيُّهما ذَكَرَ كلماتٍ فيها الحرف (ذ) أكثر ،بهاء أم دُعاء؟

....

❖❖ أعودُ إلى الْمُسابقة وأَكْتُبُ:

-ثلاثَ كلماتٍ جاءَ حرف (ذ) في أوَّلِهَا:

....

ثَلاثَ كلماتٍ جاءَ حرف (ذ) في وسطها:

....

-ثَلاثَ كلماتٍ جاءَ حرف (ذ) في آخِرِها:

....

❖❖❖أَتسابَقَ مَعَ زَمِيلي وأكتبُ كلماتٍ تَحْوي الحرفَ (د) مثل:

دار،حديقة،...

٢ صديقي يقرأُ وأنا أصلُ المَقْطَعَ بالكَلِمةِ الّتي هو جزءٌ فيها:

ذَ	ذُ	ذِ
ذا	ذو	ذي
		ذيـ

ذَ	لذيذٌ

ذُ	ذَنَبٌ

ذِ	ذُبْابٌ

ذا	ذَاْبَ

ذو	بُذورٌ

ذي	ذِئبٌ

٣ أُصفِّقُ للعُضْوِ الّذي يحتوي حرف الذّال ذ

أَنْفٌ يَدٌ أُذُنٌ لِسَانٌ عَيْنٌ

٤ أختارُ كلمةً وأَضَعُها في مكانِها الصَّحيح:

زَيْدُ
ذُرَة
زارَتْ
نَزَلَ
زارَ

- .... أبي جَدَّتي.
- .... أُمي جَارتَها.
- .... طالِبٌ مجتهدٌ.
- .... الرَّجُلُ عَنْ الْجَبلِ.

٥ أُركِّبُ من الْمَقاطِعِ كلماتٍ:

تـ حَـ دَّ ث	زَ يْـ دُ	فـ ي
الـ إ ذا عَـ ةِ	الْـ مَدْ رَ سـ يَّـ ةِ	

- أكوِّنُ مِن الْكلماتِ السّابقةِ جُمْلةً:

....

 ٦ ما هو؟ أُجِيبُ شَرْطَ أن تحتوي إجابتي حَرْفَ الذّال (ذ):

- تراهُ في مُؤَخَّرةِ القِطَّةِ أو الكَلْبِ يُمْسِكُ بِهِ بَعْضُ الأَطْفالِ فَيُؤْذُونَه هو ....

- حيوانٌ مُفْتَرِسٌ يُهاجِمُ البيوتَ، ويأكُلُ الدَّجاجَ والأرانِبَ والخِرافَ هو ....

- يُصْنَعُ مِنْهُ الفوشارُ ويُحِبُّهُ الصِّغارُ والكِبارُ ويَتَفَرْقَعُ بالنّارِ فَما هُوَ ....

- شَهْرٌ من أَشْهُرِ السَّنةِ هو ....

 - حاسَّةٌ من الْحَواسِّ، نَعْرِفُ بها طَعْمَ الأشْياءِ، وعُضْوُها اللِّسانُ هي ....

الدَّرْسُ السادِسُ والعِشْرون

حَرْفُ الكافِ: صَوْتًا ،نُطْقًا ،تَرْكيبًا ،تَجْريدًا ورَسْمًا

القراءة

ك

الـمــاء

أقرأ نصًّا أسْتوعِبُ،أُحَلّل،أُرَكِّبُ:

خَلَقَ اللّه الـماءَ لَكَ ولي،وَوضَع فيَّ وفيكَ الحياةَ.الـماءُ هُوَ سرُّ هذهِ الحياةِ.بِدون الـماءِ يَهْلكُ الْبَشَرُ،وَيَهْلَكُ الشّجَرُ.فَلَوْلا الـماءُ لا نجدُ ما نأْكُلهُ أو نشرَبُهُ.كُلُّ ما خلقَ اللّه يعيشُ بالـماء،فأنا،وأنتَ،وَهُوَ،وهِيَ،كُلّنا جميعًا يجبُ أن لا نُسْرفَ في اسْتهلاكِ الـماءِ إلّا مِن أَجْلِ الحياةِ.

١ أقرأُ الأَسئِلةَ وأُجيبُ :

- الـماءُ هو سِرُّ الحياةِ،أُوَضِّحُ ذلك.

....

٢- بدونِ الْماءِ يَهْلَكُ الْبشَرُ ويَهْلَكُ الشَّجرُ، لماذا ؟

....

- كَيْفَ نُحَافِظُ على الْماءِ ولا نُهدِرُهُ ؟

....

٣- أَقْرأُ النَّصَّ وأَرْسُمُ ⬤ زرقاء حَوْلَ الحرف (ك).

- أقرأ النَّصَّ وأَرْسُمُ ⬤ حمراء حول شكل الحرف (كـ).

٤- وردتِ الكلماتُ الآتية في النَّصِّ :

| أَجَل | يَجِب | نَجِد | حياة | خلق |

- كم كلمة جاء فيها الحرف (خ) ....
- كم كلمة جاء فيها الحرف (ج) ....
- كم كلمة جاء فيها الحرف (ح) ....

٥- جاءت في النَّصِّ كلماتٌ (ضمائر) : (أنا، أنت، هو، هي) أَسْتَخْدِمُ كُلَّ كَلِمةٍ (ضمير) في جُملةٍ مفيدةٍ.

أنا ....

أنت ....

هو ....

هي ....

٦ أَضَعُ الْأَفْعَالَ الآتيـة في جُمْلَةٍ مُفيدَةٍ .

تُنيرُ — تَصِلُ — تُسْرِفُ — ضروري

- .... أُمّي إلى الْعَمَلِ مُبَكِّرَةً .
- .... الشَّمْعَةُ الْغُرْفَةَ الْمُعْتِمَةَ .
- الـماءُ نِعْمَةٌ فَلا .... في اسْتِعْمَالِه .
- الهواء .... لحياةِ الْكَائِنَاتِ الْحَيَّةِ .

٧ أَرْسُمُ ◯ حَوْلَ الْكَلِمَةِ الّتي تَحْوي حَرْفَ (ق) وَأَرْسُمُ ▢ حَوْلَ الكلمةِ التي تَحْوي حَرْفَ (ك).

رَسَمَ كَامِلٌ ذِئْبًا بِلا ذَنَبٍ فَضَحِكَ قُصَيٌّ.

تَعَجَّبَ كَامِلٌ مِنْ قُصَيٍّ قَائِلًا: لماذا تَضْحَكُ؟

قالَ كَامِلٌ : الْكلبُ عَضَّ ذَنَبَ الذِّئْبِ فانقطَع.

٨ أَلْفظُ أَمامَ مُعَلِّمـي:

سَبَقَ	سَبَكَ
بَرْقٌ	بِرَكٌ
قَالَ	كَالَ
قَادَ	كَادَ
شَوْق	شَوْك
دَكَّ	دَقَّ
شَكَّ	شَقّ
كَلْبٌ	قَلْب

٩ أضَعُ السَّهْمَ في الْاتجاهِ الْـمُناسِبِ لأُكَوِّن كَلِمةً كما في الْـمثال:

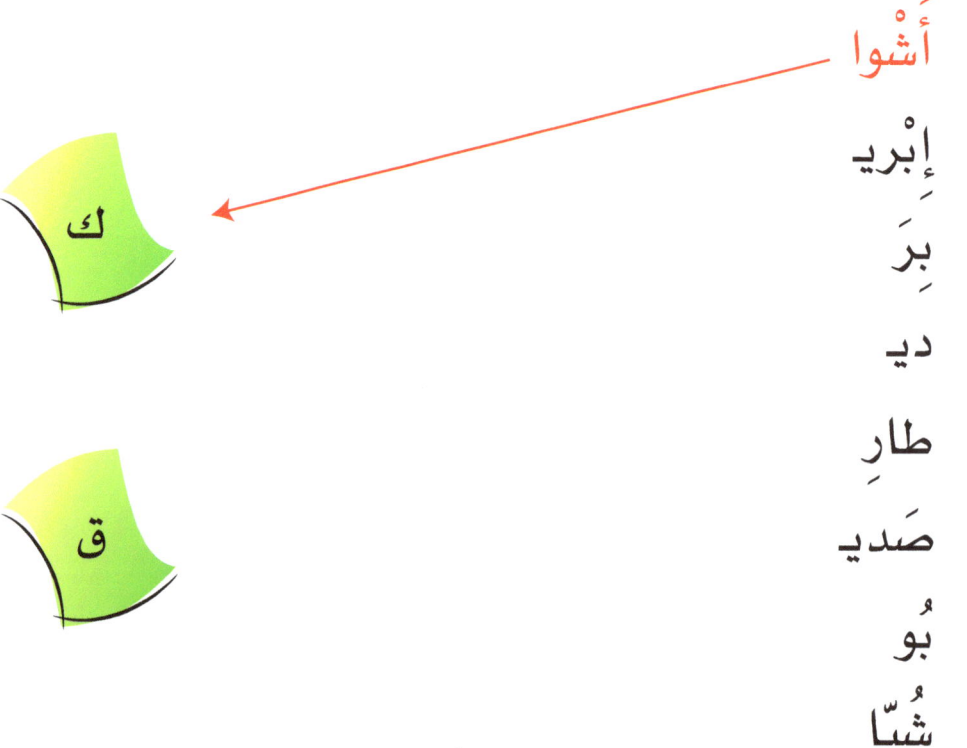

أَشْوا

إِبْريـ

بِرَ

ديـ

طارِ

صَديـ

بُو

شُبّا

ك

ق

١٠ أَكْتُبُ ق ك في الفراغِ الْمُناسِبِ :

-.....لَّمَ الطِّفلُ ظُفْرَهُ.

-وَ.....عَ الْعُصفورُ في شِبا..... الصَّيَّادِ.

-.....شَّرَتْ رُ.....يَةُ الْبُرْتُ.....الةُ بالسِّ.....ين.

- لَمَعَ الْبَرْ..... ، سَـ.....طَ الْمَطرُ.

-.....رَأ الْمُعَلِّمُ .....صةً ، عَنِ الصِّدْ..... مِن .....تابِهِ.

١٥ أَضَعُ الْمَقاطِعَ الآتيـة في مكانِها الْمناسبِ :

ـهُ	ها	كَ	كِ	ي

-أَنْتَ أَخَذْتَ اللُّعبةَ لِأَنها لَـ.......

-أَنتِ أَخَذْتِ اللُّعبةَ لِأَنَّها لَـ.......

-هي أَخَذَتِ اللُّعبةَ لِأَنَّها لَـ.......

-أَنا أَخَذْتُ اللُّعبةَ لِأَنَّها لِـ.......

-هو أَخَذَ اللُّعبةَ؛ لِأَنَّها لَـ.......

١٢ أُكتبُ مفردَ الجمُوعِ الآتيـة:

مَلائِكةٌ	شبابيكُ	بِرَكٌ
....	....	....
شوارِعُ	مَدارِسُ	مَصاعِدُ
....	....	....
	أَبْراجٌ	
	....	

١٣ أَكْتُبُ جَمْعَ الْمُفْرَداتِ الآتية.

حقْلٌ	زهْرةٌ	مَزْرعةٌ	مقعدٌ
....	....	....	....
نَهْرٌ	مَكانٌ	شَجَرَةٌ	
....	....	....	

١٤ أُرَكِّبُ مِنَ المقاطِعِ الآتيةِ كَلِماتٍ وأَكْتُبُها،وأنْتبِهُ إلى شكل (كـ ، ك).

١
كَـ	ري	مٌ	....
ما	لِك		....
حَـ	كي	مٌ	....
حا	كم		....

٢

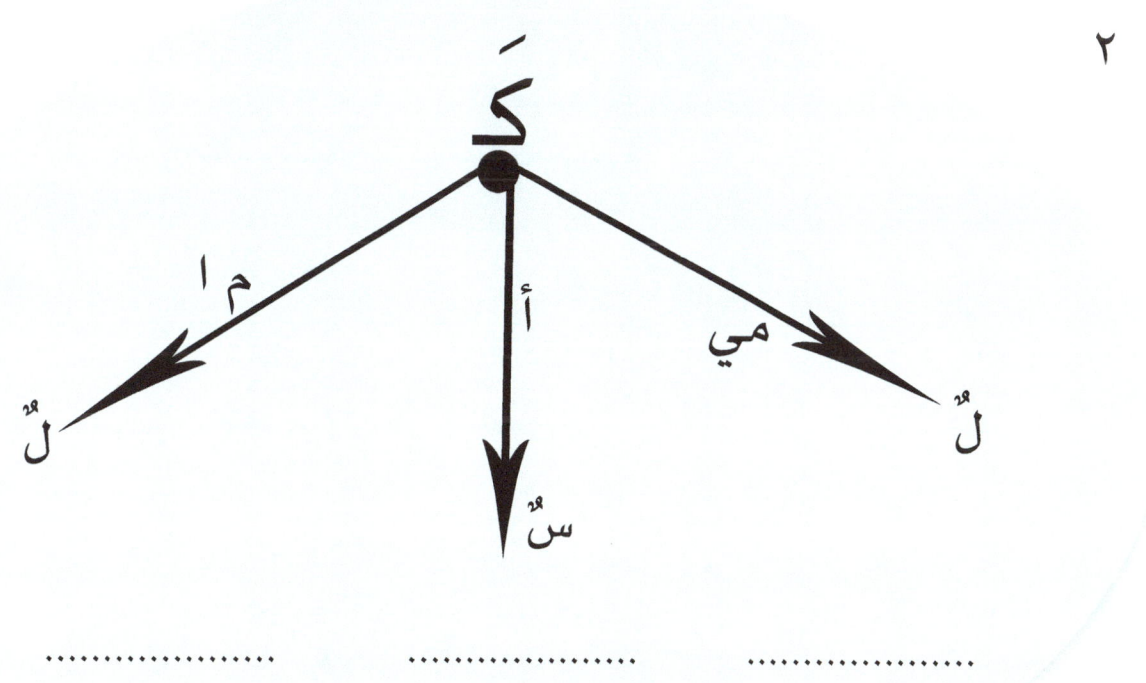

....

القراءة

ح

الدرسُ السّابع والعِشْرون

حرف الْحاء: نُطْقًا ،تَرْكيبًا ،تَجْريدًا ورَسْمًا

عِـيْـدُ الأُمِّ

أَقْرَأُ النَّصَّ ،أَسْتَوْعِبُ ،أُحَلِّلُ ،أُرَكِّبُ ،أُكوِّنُ جُمَلًا من كلماتٍ مُعَبِّرَةٍ ،

أُفرِّقُ بينَ الْحروفِ الْمُتقاربةِ في الشَّكلِ(ح خ ج)وأُبَيِّنُ حُبِّي لأُمِّي

نهضَ الْأَطفالُ مِنْ نوْمِهم مُبكِّرًا ،وأسْرَعوا إلى حِضْنِ أُمِّهم فرحين مَسْرورين،وانهالوا عَلَيْها يُقَبِّلونَها ويَضُمُّونَها ،أَخذتِ الْأُمُّ أبناءَها إِلى صَدْرِها بكلِّ حَنانٍ،ونَزلتْ من عَيْنِها دَمْعاتِ الْفَرَحِ.فهذا هو عِيْدُها ،وها هُم يَحْتَفِلُونَ بهِ .

١ أَقْرَأُ الْأَسْئِلة الآتيـة وأُجيبُ:

- لماذا نَهَضَ الْأَطْفَالُ من نوْمِهِم مُبَكِّرًا ؟

....

- كَيفَ اسْتَقْبلَ الْأَطفالُ عيدَ الْأمِّ ؟

....

- ماذا فعلوا حينَ الْتَقَوْا أُمَّهُم ؟

....

- في أيِّ يَوْمٍ من أَيّامِ السَّنةِ نحْتَفلُ بعيدِ الْأُمِّ.

....

٢ زميلي يَقْرأُ النَّصَّ،وأَنا أَرْسُمَ دائِرةً حَوْل الْكلَماتِ الَّتي احَتَوتْ حرف (ح)

- نتبادلُ الأَدوارَ.أقرأُ أَنا النَّصَ وزَميلي يَرْسُمُ خَطًّا تَحتَ الْكلماتِ الَّتي احَتَوْت همزةً على(السّطْرَ) أو همزةً على الألف (ا)

-أتبادَلُ مَعَ زميلي قِراءةَ العبارةِ الآتيـة، ونَستخدمُ الكلماتِ الَّتي تَحْتها خطّ في جملٍ مفيدةٍ.

انْهالَ الْأطفالُ على أُمِّهم يُقّبلونَها ويضمُّونَها هذا عِيْدُها وها هم يحتفلون به.

....

....

....

-أكتبُ ثلاثةَ أسئلةٍ تابعةً للنَّصِّ السَّابِقِ،وتبدأُ باسْمِ الاسْتِفهامِ لِماذا؟

لماذا ....

لماذا ....

لماذا ....

٣ أَكْتُبُ كَلِمةً قريبةً لِمعْنى الْكَلمةِ الْمُلوَّنةِ .

-شَعَرَ .... حُسامٌ بألَمٍ في قَدمِهِ .

-قدّمَ المُعلّمِ جائِزةً .... لِحسام .

-أحسَّ حسامٌ بِأَلمٍ .... في أسْنانِهِ .

-راح .... حُسامٌ إلى الْمدرسَةِ نَشيطًا .

-سَقَطَتْ .... أوراقُ حُسامٍ على الأرضِ .

٤ أكتبُ كلِمةً تَحْتوي حَرْف ح

-مكانٌ أَسْبَحُ فيهِ ....

-أَراهُ في نَوْمي ....

-أَحْمِلُ بها كُتُبي ....

-بِمَعْنى ساخِنٌ ....

-أَخزِّنُ به الْمَعْلوماتِ وأسْتَخرِجُها ....

٥ ضاعَتْ مِنّي كَلِمةٌ حينَ شَكَّلْتُ جُملةً،ساعِدْني في اكْتِشافِ الْكلمةِ الضَّائِعةِ لأَكْتُبَها في الْفَرَاغِ:

- يشارك الطّلبةُ .... الْاحتفال السَّنوِيِّ .
- حملَتْ .... طِفْلَها .
- .... الطّالبُ على اللّوْحِ .
- .... أبي بَيْتَ جدِّتي .
- تعطّلُ الْمَدارسُ يَوميَّ الجُمعةِ وَ ....
- .... الطُّلابُ الأَوراقَ عن الأَرْضِ .

٦ ما ضِدُّ الْكَلِمَاتِ الآتيـة :

بارِدٌ	....
شُجاعٌ	....
لَيْلٌ	....
قويٌّ	....
خَرَجَ	....
صَديقٌ	....
أَبيَضُ	....

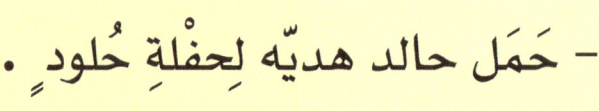

٩ سَقَطتْ بَعْضُ النِّقاطِ عن بعضِ الْكلماتِ في الجمل الآتيـة، أُعيدُ النِّقاط إلى مكانها لتصبِحَ الجملُ مفيدةً:

- حَمَل حالد هديّه لِحفْلةِ حُلودٍ .
- تحرّحَ أحي حامِدٌ في الْحامعةِ .
- ذَهَبْنا في رِحْلةٍ إلى حبال عحْلون .

١٠ أمَامَي حُروفٌ لِثلاث كَلِماتٍ مُبعثَرةٍ،أجمَعَهُما وأَسْتخدِمُها في جُملٍ ذات معنى:

حُ س ا مٌ

جَ م ي لٌ حِ صَ ا ن

....

....

....

١١ أُسابِقُ في كِتابةِ كَلماتٍ تَبْدأُ بالحروفِ الآتيـة.

ح	ج	خ
....	....	....
....	....	....
....	....	....
....	....	....

١٢ اجيبُ عن سُؤال ما أنا؟ وأكتبهُ في الْفراغ:

-يَحْمِلُني كُلُّ الطُّلابِ وَيَضَعونَ كُتَبهُم داخلي ....

-لَوْني أبيضُ يشربُني كبارٌ وصِغارٌ أقوّي الْعظامَ والْأَسنان :

....

-أنا واسِعٌ وكَبيرٌ لَوْني أَزْرَقُ وجميلٌ تَعيشُ داخلي الْأَسْماكُ:

....

-أَصْغَرُ عددٍ موجِبٍ ....

-حَجْمي صَغيرٌ لكِنّي أفوقُ الْجَميعَ في حِفْظِ الْمعلوماتِ:

....

الدَّرْسُ الثَّامِنُ والعشْرُون

حَرْفُ الطَّاءِ: نُطْقًا، صَوْتًا، شَكْلًا، تَجْرِيدًا ورَسْمًا

القراءة

ط

الطَّالِبُ المُجِدُّ

طليعٌ طالبٌ مُجِدٌّ، يُحِبُّ طليعٌ أن يَرسُمَ طريقًا تحيطُ به الأَشجارُ، وتُغَرِّدُ على أَغْصانِها العصافيرُ، طَلَب طليعٌ من صَديقهِ طارق، أن يَرْسُمَ مَنْظرًا من مناظِرِ الطّبيعةِ لكنَّ طارقًا أحبَّ أَنْ يَرْسُمَ طائرَ البَطِّ وهو يَسْبَحُ في حَديقةٍ جميلةٍ .

١ أَقْرَأُ الأسئلة الآتيـة وأُجِيْبُ :

- ماذا يُحِبُّ طَليعٌ أن يَرْسُمَ ؟

....

ماذا رسَمَ طارقٌ ؟

....

- هل شَاهدتَ البطَّ وهو يَسبحُ ؟

....

هل تُحِبُّ البطَّ ؟

....

أَرْسُمُ بَطَّةً

أَرْسُمُ بطَّةً تَسْبح في البركَة

أَرْسُمُ بِرْكَةً

٢ أَقْرَأُ الْكلماتِ الآتيـة وأُلَوِّنُ حَرْفَ (ط).

طريفٌ ، ظَريفٌ ، ظافِرٌ

طاهِرٌ ، مَظْهَرٌ ، طارِقٌ

مَنْظر ، طَبْلٌ ، طائِرٌ

طائِرالْبطريقِ ، الطّريقُ السَّريعُ

الطَّبيعةُ الْجميلةُ.

٣ أَنْظُرُ إلى الصُّوَرِ الآتيـة وأَكْتُبُ الْحَرْفَ الناقِصَ بِشَكْلِهِ الصَّحيح:

بـ...ـةٌ

...اقِيَةٌ

...ائِرَةُ

...فْلٌ

بِـ...ـرِيْقٌ

...بْلٌ

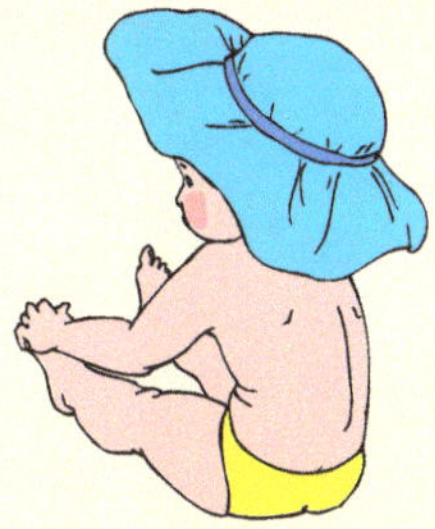

٤ أرْسُمُ دائِرةً حَوْلَ الْكلمةِ الَّتي تَحْوَي حرف (ط) في الْجمل الآتية.

حطَّ الطَّائر على الشَّجرةِ	هَبَطَتِ الطّائِرةُ في الْمطارِ
طَارِقٌ تلميذٌ مُجْتَهِدٌ	كَتَبَ الطَّالبُ بخطٍّ جميلٍ
طَبيعةٌ جَميلةٌ	خالدٌ حَسَنُ الطَّبْعِ
نَزَلَ المطرُ غزيرًا	طريقٌ واسعٌ

٥ في التَّدرِيْبِ السَّابِقِ أَكْتُبُ الكلماتِ حَسَبَ مَوقعِ حرفِ (ط) فيها كما في الْمثال :

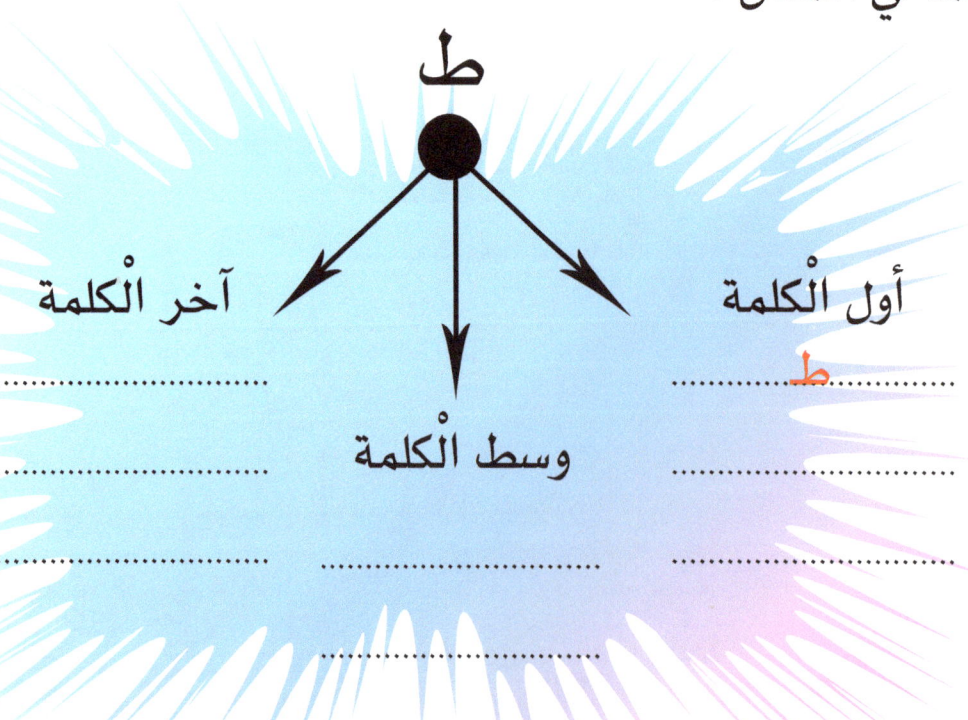

أول الْكلمة

ط..............................

....

....

وسط الْكلمة

....

....

....

....

....

آخر الْكلمة

....

....

....

٧ أَضَعُ الحَرْفَ المكتوبَ بَدَلًا من الْحَرْفِ الْمُلَوَّن:

أجياد	ع	....
سَعيد	م	....
جَليل	خ	....
مَريض	ع	....
دَواء	هـ	....

٩ أُرَكِّبُ مِنَ الْمَقاطِعِ الآتيةِ كَلِماتٍ مُفيدةٍ:

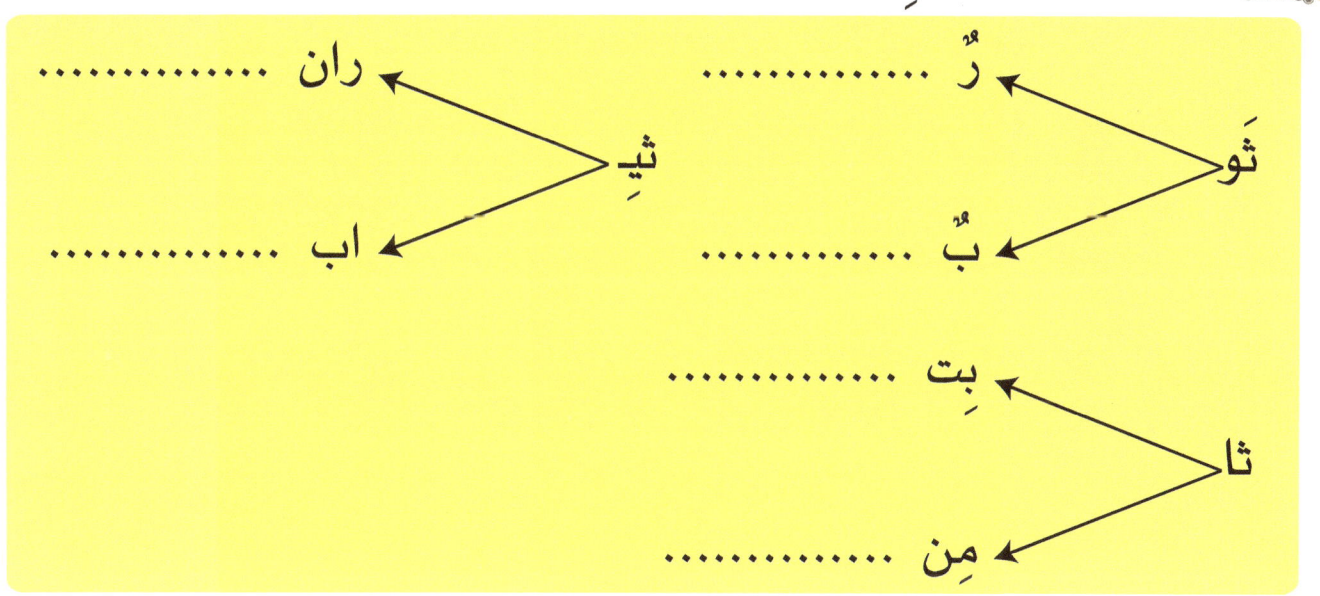

ثَو ← رٌ ....
ثَو ← بٌ ....

ثِيـ ← ران ....
ثِيـ ← اب ....

ثا ← بِت ....
ثا ← مِن ....

١٠ أملأُ الفَراغَ بما يُناسِبُ (ت) (ط).

-ما أَنْ أَنْهـ.... المعلّمةُ كلامَها حَـ....ى هَطَلَ... الْأمـ...ارُ ومَلأ... المياهُ الطُّرُق.

-نامـ... فا..مةُ في سَريرِها ...حلمُ بالْمَدْرَسَةِ .

١١- أُلَوِّنُ الرَّسْمَ الَّذي يَحْتَوي حَرْفَ الطّاءِ:

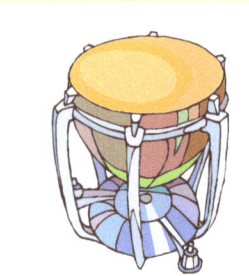

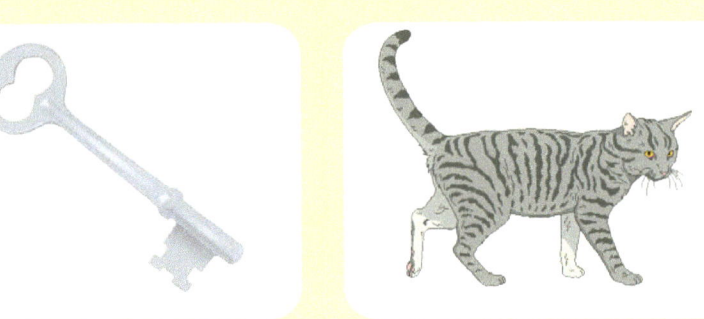

١٢- أَقْرَأُ الْجُمْلَةَ قِراءَةً سَليمَةً ثُمَّ أُجيبُ عَنِ الْأَسْئِلَةِ:

يُقَدِّمُ الطَّبيبُ الْعِلاجَ اللّازِمَ لِلْمَريضِ.

- كَمْ عَدَدُ كَلِماتِ هذِهِ الْجُمْلَةِ؟ ....
- بِماذا بَدَأَتِ الْجُمْلَةُ؟ ....
- أُعيدُ كِتابَةَ الْجُمْلَةِ مُبْتَدِئًا بِكَلِمَةِ الطَّبيبُ

....

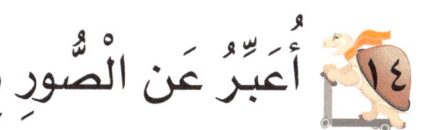

١٤

أُعَبِّرُ عَن الْصُّورِ بِكَلمةٍ .

استَيْقظَ حُسامٌ من .... متألِّمًا مِن

.... فَذَهَبَ إلى .... يُخْبُرِها .

فَطَلَبَتْ مِنْه الاسْتِعْدادَ للذَّهاب إلى طَبيبِ ....

فكشَفَ عَنْهُ .... وعالَجَهُ وَقَدَّم لَهُ النَّصائِحَ .

باسْتِخدام .... قبل ....

وَبعْدَ كُلِّ وجبة

١٦ أَقْرَأُ النَّمَطَ اللُّغويَّ الآتي، ثُمَّ أُكَوِّنُ على مِثالِهِ، بشرط احْتِوَائِهِ حرف (ط)

يا طارقُ: لا تَقْطعِ الشَّارِعَ والإِشارةُ حمراءُ

....

....

❖ يُوجَدُ في النِّمطِ السَّابق نداءٌ مَعَ نَهْيٍ، كَيْفَ عَرَفْتَ ذلك؟

- أكتبُ حَرْفَ النِّداءِ: ....

- أكْتبُ الْكَلِمَةَ الدَّالَّة على نَهْيٍ: ....

١٧ أكْتبُ بخَطٍّ جميلٍ.

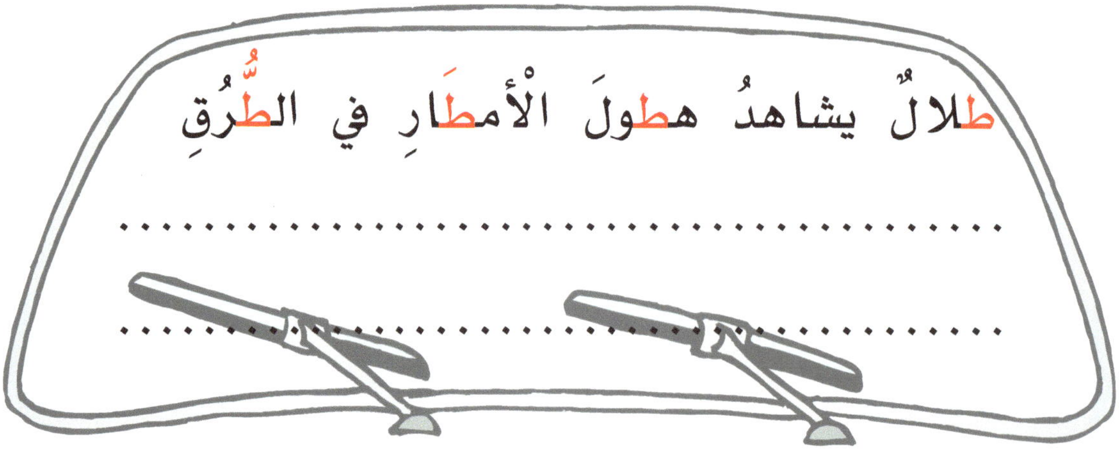

طلالٌ يشاهدُ هطولَ الأمْطَارِ في الطُّرُقِ

....

....

القراءة

هـ

الدَّرْسُ التاسِعُ والعشرون

حرف الهاء، نُطْقًا، تَرْكيبًا، تَجْريدًا ورَسْمًا

يــومٌ مــاطــرٌ

أَقْرَأُ النَّصَّ الآتي بِصَوْتٍ مَسْموعٍ، مُنْتَبِهًا إلى الوَصْلِ:

في أَحدِ أَيام الشّتاءِ، هبّتْ رياحٌ شديدةٌ، هَطَل بَعْدَها مطرٌ غزيرٌ، أَغرقَ الأَرضَ، وملأَ السُّيولَ بالْمياهِ، وحين أَشرقَتِ الشَّمسُ، خَرَجَ النَّاسُ من بُيُوتِهِم فرحينَ، وقالوا: ما أَجملَ الْمياهَ الْمنهمرةَ، سيكونُ الرَّبيعُ جميلًا، وتنمو أَشجارُ الْفواكه، ويشربُ النَّاسُ مياهًا نقّيةً.

١ أَقْرَأُ النَّصَّ وأُجيْبُ عَنِ الْأَسْئِلَةِ :-

- أَكْتُبُ عنوانَ الدَّرْسَ:..................................

- أَصِفُ نُزولَ الْأمطارِ...

- أُبَيِّنُ لماذا يفرحُ النَّاسُ بالْمَطَرِ...

- هل أُحبُّ سقوطَ مياهِ الْمَطَرِ؟ أُعَبِّرُ عن ذلك بجملةٍ مفيدةٍ

....

٢ أُكْمِلُ الكَلمةَ وأَكْتُبُ حَرْفَ الهاء بشكلهِ الصَّحيح :

هـ ـهـ ـه ه

....لال

نـ....ـر

سـ.....ـلٌ

أَز.....ارٌ

.....د .....د

.....اون

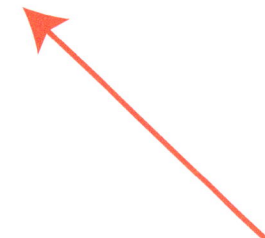

فواك...

سَـ...ـم

دَفْتَرُ.....

.....رَّةٌ

٣ أَقْرَأُ وأَرْسُمُ السَّهمَ كما في المثال.

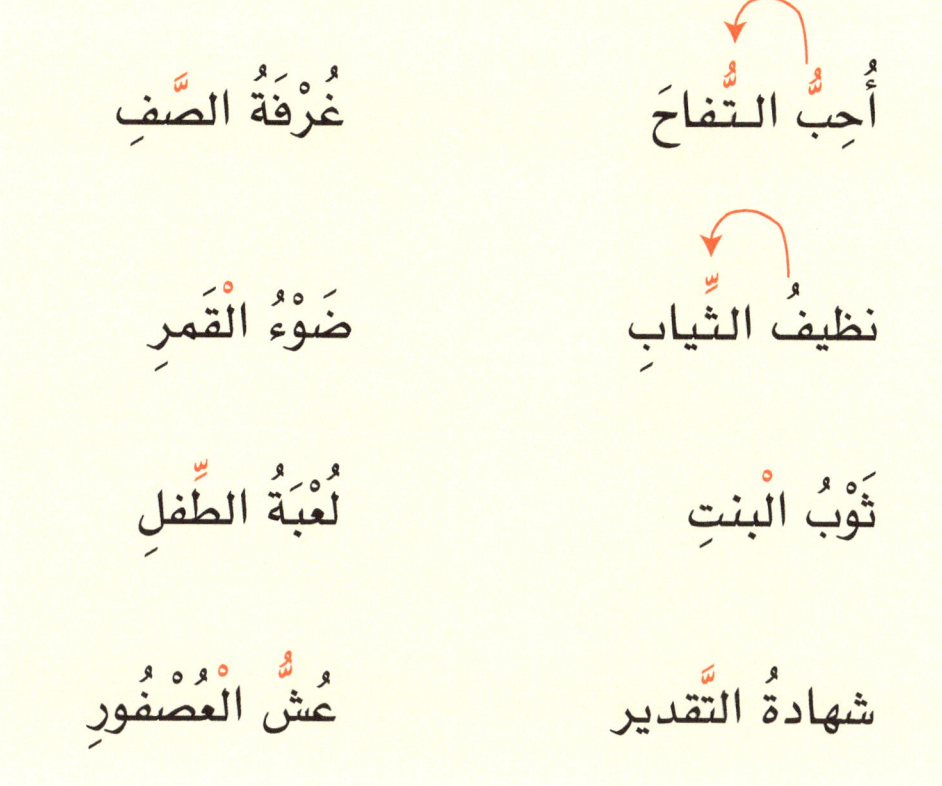

أُحِبُّ التُّفاحَ

نظيفُ الثِّيابِ

ثَوْبُ الْبنتِ

شهادةُ التَّقدير

غُرْفَةُ الصَّفِ

ضَوْءُ الْقمرِ

لُعْبَةُ الطِّفلِ

عُشُّ الْعُصْفُورِ

٤ أُرَتِّبُ الْجُمَلَ الآتيةَ وأُكَوِّنُ نصًّا مُراعيًا عَلاماتِ التَّرْقيمِ .

- سألَ الْمُعلِّمُ هاني : أَيْنَ الْعُصْفورُ؟
- طَلبَ الْمُعلِّمُ إلى الطَّلبةِ رَسْمَ شجرةٍ عَلَيْها عُصْفورٌ .
- أجابَ هاني : طارَ يا أُستاذُ .
- رسَمَ هاني شجرةً ولم يَرْسُمْ عصفورًا .

....

....

....

....

٦

أَكْتُبُ في الفَراغِ ثَلاثَةَ أَسْماءٍ تَدُلُّ على مُذَكَّرٍ،وثلاثة أَسْماءٍ تَدُلُّ على مؤَنَّثٍ،كلُّ اسمٍ مِنْها يَبْدأُ بالحرفِ (هـ) .

الأسماءُ المُذَكَّره	الأسماءُ المُؤنَّثة
....	....
....	....
....	....

-وأَكْتُبُ خَمْسَةَ أَسْماءٍ تَدُلُّ على مُذَكَّرٍ أَوْ تَدُلُّ على مُؤَنَّثٍ وتَحـوي حرف (هـ) في وسطها .

....

....

٨

أَضَعُ حَرْفَ (ح) أو (هـ) في الْفراغِ .

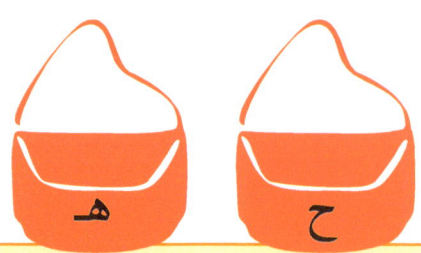

يَمْسَـ.... سَميـ.... مَقْعَدَ.... حين يَدْخُلُ الصَّفَ،بمنديلٍ يَـ....تَفِظ بـ.... في جَيْبـ....،ولا يرمي الأَوْراقَ تـ.....تَ الْمَقْعَدِ،بَلْ يسْتأْذِنُ مُعلِّمَتَـ.... لِوَضْعِـ....ا في سَلَّةِ الْمُـ....ملاتِ .

١٠ أَضَعُ في الفَراغِ الحَرْفَ (ة) أو الحَرْفَ (ه) حيثُ يَلْزَمُ:

-شاهَدَ هاني ميا... الأمطارِ تَهْطِلُ بِغزَارَ...

-وشَكَرَالل... تعالى على نِعَمـ...

-مَلأَتِ الْأَمْطارُ الْبُحَيْر...،وشاهَدَ بط... تَسْبَحُ فيها ورجلًا يَحْفُرُ قَنا... لِلْميا...

١١ أضع ◯ حولَ الْفِعْلِ الْمُناسِبِ:

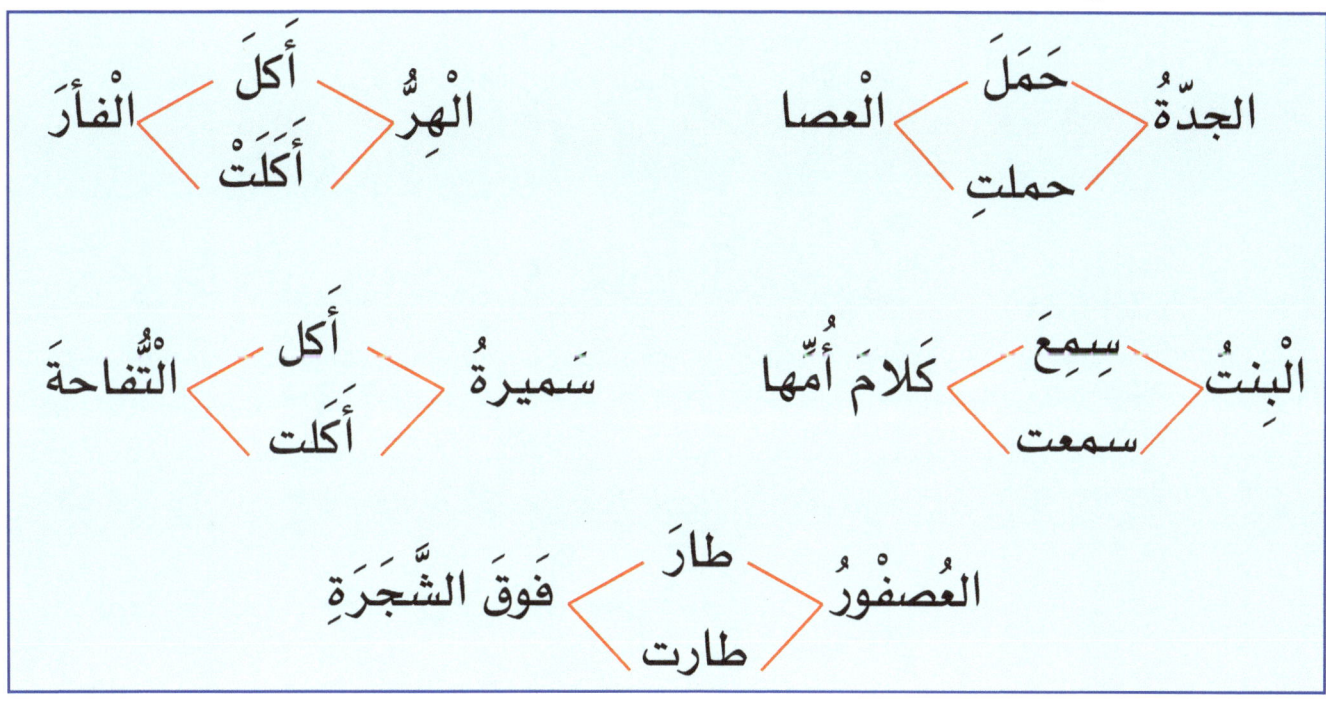

الجَدّةُ — حَمَلَ / حملتِ — الْعصا

الْهِرُّ — أَكلَ / أَكَلَتْ — الْفأرَ

الْبِنتُ — سمِعَ / سمعت — كَلامَ أُمِّها

سَميرةُ — أَكل / أَكَلت — التُّفاحةَ

العُصفورُ — طارَ / طارت — فَوقَ الشَّجَرَةِ

١٢ أَكْتُبُ بَخطٍّ جَميلٍ مركّزًا على حَرْف الهاء (هـ).

يُشَاهِدُ ماهِرٌ بَرْنامجًا عَنْ هُواةِ الصَّيدِ

....

....

الدَّرْسُ الثلاثون

حَرْفُ الغين: صَوْتًا، نُطْقًا، شَكْلًا، رَسْمًا وتَجْريدًا

القراءة

غ

فوائِدُ الشَّمْسِ

قَالَ الْمُعَلِّمُ لتلاميذِه : موضوعُنا الْيَوْمَ عن الشَّمْسَ، سأطرحُ أسْئلةً، والمطلوبُ الآنَ الْإجابةُ عنها.

- من أيِّ جهةٍ تُشْرقُ الشَّمْسُ؟ أجابَ غالبٌ تُشرِقُ الشَّمسُ من الشَّرْق

- من أيِّ جهةٍ تغْرُبُ الشَّمْسُ ؟

أجابَ راغِبٌ : تَغْرُبُ الشَّمْسُ من جِهةِ الْغربِ.

- من يَذكُرُ لي بعضَ فوائدِ الشَّمْسِ ؟

أجابَ غازي تُبخِّرُ الْماءَ، فتتكوَّنُ الْغُيومُ، وَتنْزلُ الأَمطارُ، وتنمو الأعْشابُ، فيأكلُ الْغنمُ، وتنمو الأشجارُ في الْغاباتِ.

- رفع غسَّانُ إصْبَعهُ، وقال : نسيَ غازي فائدةً أخرى .

- المعلّم : ما هي ؟ قال غسّانُ : تُجفّفُ الْغسيلَ، ضَحِكَ التّلاميذُ .

- قال المعلّم : إجاباتُ راغِبٌ، وغازي وغسّانَ، صحيحةٌ، ما رأيُك يا غريبُ ؟ قال غريبٌ : نعم يا أستاذُ، إنّها صحيحةٌ .

١ أَقْرَأُ الاسئلةَ الآتيةَ وأجيبُ .

- أَذْكُرُ فائدةً أخرى مِنْ فوائِدِ الشَّمْسِ،تحوي إِجاباتُها،الحَرْفَ (غ).

....

- أذكُرُ أسماءَ أخرى تحتوي حرف (غ).

....

- لماذا ضحِكَ التّلاميذُ مِن إجابةِ غَسّانَ ؟

....

٢ أنْظرُ إلى الصُّورِ وأكتب حرف (غ) بِشَكْلِهِ الصَّحيحِ:

...يومُ

...زالُ

...رابُ

...سيلُ

...سّالةُ

ر...يفُ

٣ - قالَ الْمُعَلِّمُ لِتَلامِيذِهِ، سَأَطْرَحُ عَليكُم بَعْضَ الأَحاجي (الحزازير).
جَوابُ كُلِّ أُحْجِيَةٍ كَلِمَةٌ تَحْوي الْحَرْفَ (غ). أَكتُبْ جَوابَ الأُحْجِيَةِ في الْفراغِ بِإملاءٍ سليمٍ.

- شَيءٌ نَأكُلُهُ مَعَ كُلِّ وَجْبَةِ طَعامٍ، والْحَرْفُ الأَوَّلُ مِنهُ (ر) ....

- حَيوانٌ يَعيشُ في الصَّحراءِ، سَريعُ الرَّكْضِ، ولهُ قَرْنانِ طويلانِ، ويَنتَهي اسْمُهُ بالْحرفِ (ل) ....

- جِهَةٌ مِن الجِهاتِ الأَرْبعِ، تَغيبُ عِنْدها الشَّمْسُ، وتَنتَهي بالحرفِ (ب). ....

- حيوانٌ كبيرُ الْجِسْمِ قويٌّ، يُشْبِهُ الْحِصانَ، والْحرفُ الأَوَّلُ مِن اسْمِهِ (ب). ....

- بِمَعنى فَرْعُ الشَّجرةِ، يحملُ الثِّمارَ ويَنتَهي بالْحرفِ (ن). ....

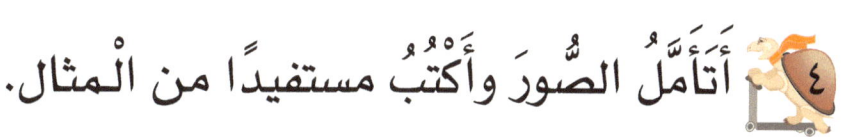

٤ أَتَأَمَّلُ الصُّورَ وأَكْتُبُ مستفيدًا من الْمثال.

بِمَاذا تَكْتُبُ ؟ أَكْتُبُ بالْقلَمِ	
بِمَاذا نَقْطَعُ الأَشْجار ؟ أَقْطَعُ الأَشْجارَ بـ	
بِمَاذا تُسافِرُ ؟ أُسافِرُ بـ	
بِمَاذا تُقَشِّر الْبُرْتُقَالَةَ ؟ أُقَشِّرُ بـ	
بِمَاذا تُخيطُ الْملابِسَ ؟ أُخِيْطُ بـ	
بِمَاذا تَغْسِلُ وَجْهَكَ ؟ أَغسِلُ وَجهي بـ	

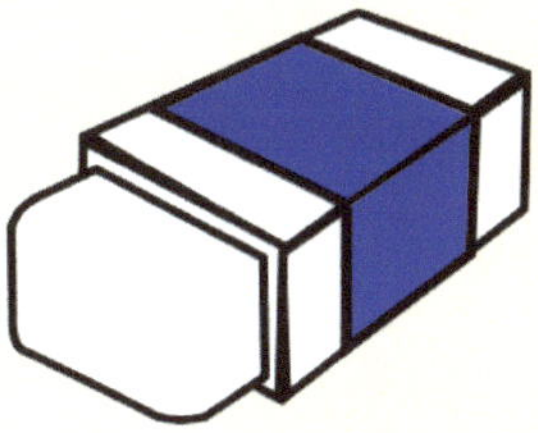

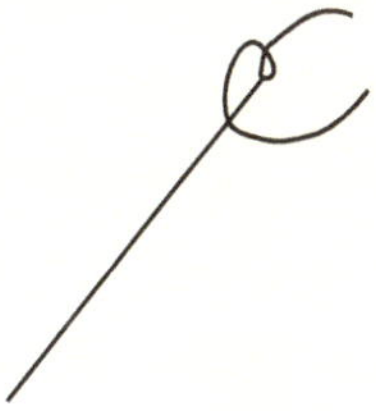

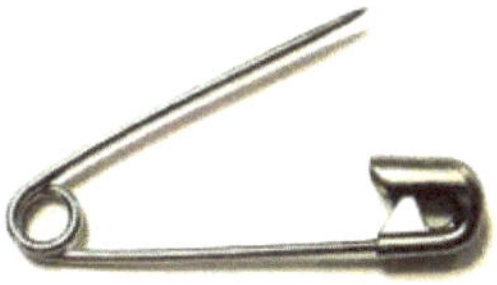

٥ أَملأُ الْفَراغ بكلمةِ فيها خ أو غ

عنْدَ خالي .... صُوفُهُ أَبْيَضُ .

خَبَزَتْ أُمِّي ....

في فَصْلِ .... تَرْكُضُ .... في السَّماءِ .

في .... أَشجارٌ كثيرةٌ.

٧ أُنادي أَصْدِقائي:

يا أَحمدُ

-أُمّي .... -مُعلّمتي ....

-المعلّمُ .... -سارةُ ....

-أَبي .... -خالِد....................

الدَّرْسُ الحادي والثّلاثون

حرف الظاء: شَكْلًا، نُطْقًا، تَرْكيبًا تَجْريدًا ورَسْمًا

القراءة

ظ

نـصيحــــةُ أمٍّ

أَقْرَأُ، أَسْتَوْعِبُ، أُعَبِّرُ، وأَتَقَبَّلُ نصيحَةَ أُمّي بأن أحافِظَ على النّظافةِ:

نَصَحَتْ أمٌّ ابنَها مَظَفَّرًا، وابْنَتَها ظَريفة، قائلةً: عَلَيْكَ يا مُظَفَّرُ، وأنْتِ يا ظَريفَةُ، أن يحافِظَ كُلٌّ مِنْكُما على نَظافةِ ثِيابِهِ، ونظافةِ وجْهِهِ، وأن تَهْتَمّي يا ظَريفةُ بنظافةِ الْبَيْتِ، وأَنْتَ يا مُظَفَّرُ أنصَحُكَ أن تهتمَ بِنَظافةِ الحديقةِ، وأنْ تُساعِدَ عامِلَ النَّظافةِ على نظافةِ الحيِّ. قالَتْ ظريفةُ، وقال مظَفَّرٌ شكرًا يا أُمّي سَنَعْمَلُ بهذه النّصائحِ. قالتِ الأمُّ: نَعَم، فالنّظافةُ مِن الايمانِ.

١ يقرأُ زميلي وأَضَعُ خطًّا تحت صوت الحرف (ظ)

- نَصَحتْ أمٌّ ابْنَها مُظّفرًا، وابْنَتَها ظَريفَةَ .
- أنصَحُكِ أن تهتمي بنظافة الْبيتِ .
- يا مظفّرُ قلِّم أَظفارَكَ .

٢ أَسْتَمِعُ إلى الْمُعلِّمِ أو إلى المُعلِّمة إلـخ .... وأكتبُ .

- اسمٌ من أَسْماءِ «الغزال» له قرون طويلة وأوَّلُ حرفٍ من اسمه «ظ» ....
- كَلِمَةٌ بمعنى «عطشان » وحروفها هي: (ظَ،مْ،آ،ن) : ....
- عِندما أَشْعُرُ بالْحَرِّ أَجْلِسُ في .... شَجَرةٍ.
- نصحتني أُميّ أَنْ .... على نظافةِ كُتُبي.

٥ أَضيفُ ألـ إِلى الْكَلِماتِ الآتيـة كَما في المِثالِ :

ألـ

مَنْظَرٌ	الْمَنْظَرُ
ظَرْفٌ	....
ظُفرٌ	....
حافِظٌ	....
ظَلامٌ	....

٤ أَكْتُبُ جُملةً تَبْدَأُ باسْمٍ يحوي الحرف (ظ) كما في المثال:

ناظِمٌ تلميذٌ مُؤَدَّبٌ

....

....

....

٦ ألوِّنُ حَرْفَ الظَّاءِ في الْكلماتِ الآتيـة:

نَظَافةٌ ظُفْرٌ مَنْظَرٌ عَظيمٌ

تنظيفٌ ظَهْرٌ حَظٌّ يَلْفِظُ

وظيفَةٌ ألفاظٌ مَحْظوظٌ

٧ أمْلأُ الفَراغ بأحَدِ الْحرفَينِ ض ظ :

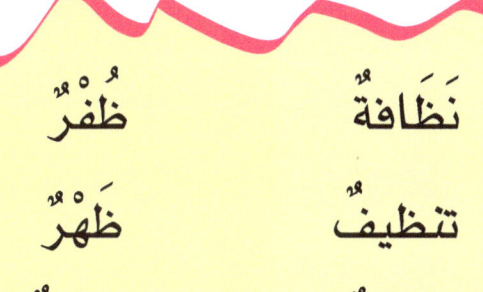

- قال ....رارٌ : عِنْدَ الـ....هرِ أ....عُ كُتُبي في مَحْفَظَتي،وَأنْتَـ....رُ أُمّي .

- تَحْرِصُ أُمّي أن يكون مَـ.....هَري لائِقًا،وَنـ....يفًا دائِمًا .

- تُوجِّهُ أُمّي لِيَ الْمُلاحَـ....اتِ،عن بَعـ..... الأَخْطاءِ الّتي أرْتكِبُها .

- أَمْضى ...رارٌ بِضعَةَ أيّامٍ في ...يافَةِ جَدِّهِ .

٩ أَنْظُرُ إلى الصُّورِ وأَكْتُبُ حَرْفَ (ظ) بِشَكلِهِ الصَّحيحِ:

تَنَـ...فُ

يَسْتَيْقِـ...

...بْيٌ

...فْرٌ

٨ أُلَوِّنُ الـمُرَبّعاتِ حَسَبَ الحرفِ الموجودِ فيها:

ز	ذ	ظ
ظُهْرٌ	لَذِيْذٌ	يَسْتيقِظُ
زَهْرٌ	نَظِيْفٌ	ذَنَبٌ
زَيْدٌ	عَجُوْزٌ	ذئبٌ
	ذُرَةٌ	وزيرٌ
	إذاعَةٌ	ظَريف

- كَمْ عددُ الكَلِمَاتِ الَّتي تَكَرَّرَ فيها حَرْفُ

ظ ....

ز ....

ذ ....

أُرَتّبُ أعدادَها حَسَبَ التَّرتيبِ التّنازُليِّ ☐ ☐ ☐

الدّرسُ الثّاني والثلاثون

حرف الضادِ: نُطْقًا، تَرْكيبًا، تَجْريدًا ورَسْمًا

القراءة

ض

عِيدُ الشَّجَرَةِ

في مُنْتَصَفِ شَهْرِ كانونَ الثّاني منَ كُلِّ عامٍ، نَحتَفِلُ بعيدِ الشّجرةِ، جَمَعتْ مُعلِّمةُ الصّفِّ الْأَوّلِ الْأَساسيِّ الطُّلّابَ، وقالتْ لَهُم: الآنَ سَنَذْهَبُ إِلى حَديقةِ الْمدرَسةِ، لنشارِكَ في الْعيدِ، فرِحَ الْأَطفالُ وصفَّقُوا. طلبتِ الْمعلمةُ إلى راضي، ورَضوانَ، ورَضْوى، أَن يقطعوا الْأَعشابَ الضّارَّةَ. وطلبت إلى ضِياءَ ورمضانَ، وضحى، أَن يُنَظِّفُوا الْحديقةَ مِنَ الْأَوْساخِ. رَضِيَتِ الْمعلِّمةُ عَنْهم، وشَكَرتْهُم. وقالتْ: الآنَ أَزَلْتُمُ الضَّرَرَ عَنِ الْحديقةِ.

١ أُكْمِلُ

-نحتفل بعيد الشَّجرة في: ....

-ذَهَبَ الطَّلبةُ إِلى: ....

-زرع ضرارٌ: ....

-أَذْكُرُ أَسْماءَ الأَطْفالِ الَّذينَ قَطَعُوا النَّباتاتِ الضّارةِ.

....

-أَذْكُرُ أَسْماءَ الأَطْفالِ الَّذينَ نظَّفوا الْحديقةَ.

....

٢ أَلْفظُ حرفَ الضّادِ أَمامَ مُعلِّمَتي:

نِضَالٌ	ضِرارٌ	أَبيضُ	ضِرْسٌ	بَيْضٌ
أَخْضَرَ	أَرْضٌ	أَضْرَارٌ	ضُحى	رَضِيَ

٣ أملأُ الْفَراغَ بكلمةٍ تحتوي حَرْفَ (ض):

-يَزْرعُ الفّلاحُ...............

-الذُّبابةُ حَشَرَةٌ............

-اسْمُ صديقي................

-أُحِبُّ اللّوْنَ.............

-تُعْطينا الدَّجاجةُ............

-ذهبتُ إلى طبيب الأَسْنان لِعلاجِ...............

٤ أَكْتُبُ أيام الأُسبوعِ بالتَّرتيب مبتدئاً مِنَ

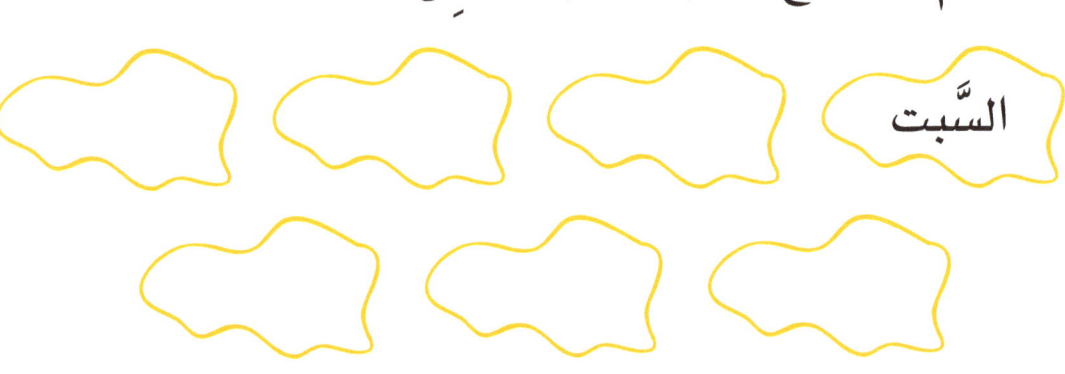

السَّبت

٥ أكتبُ الكَلماتِ بالتّرتيبِ الزَّمنِيِّ:

اليوم أمس غدًا

٩ أُرَتِّبُ أَحْداثَ الْحكايةِ (١-٦) مستخدمًا أدوات الرّبطِ المُناسِبَةِ كما في المثال:

...قالَتِ الأُمُّ:ما أَجمل هذه الرَّسمةَ!

...وَبَدَأَ يَرْسُمُ الْوَرْدَةَ ثُمَّ لَوَّنَها

...أَهْدَى الرَّسْمَةَ لِأُمِّهِ

١ ذَهَبَ عَوْنٌ إِلى الْحديقةِ

...عادَ إلى الْبيتِ فَرِحًا

...جَلسَ بِجانبِ وردةٍ حَمْراءَ.

-أكتُبُ الجُمَلَ السّابِقَةَ بالتّرتيبِ مُراعيًا علاماتِ التّرْقيمِ

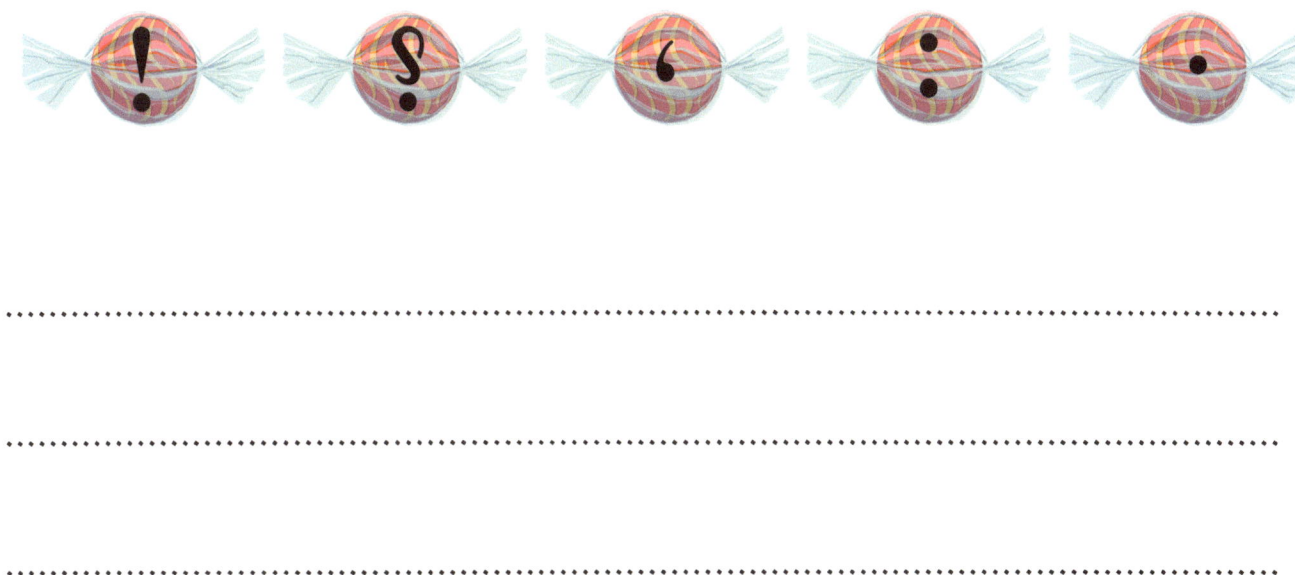

....

....

....

١٠ أَنْظُرُ إلى الصُّورِ وأكتبُ حرف ض بشكله الصَّحيح:

...يْضٌ

أَخْ...رُ

...رْسٌ

الْكُرَة الأرْ...يَّةُ

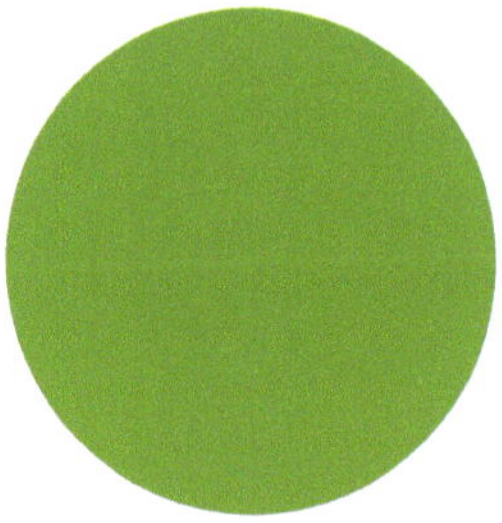

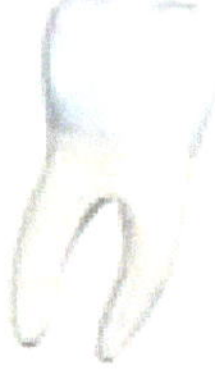

١١ أَكْتُبُ بخطٍّ جميلٍ مُركِّزًا على حرف (ض):

❖ أرضُ بلادي خَضْراءُ

....

❖ أُحافِظُ على أرْضِ بِلادي

....

❖ مَضارُّ التَّدخينِ كَثيرةٌ

....

❖ أكلتُ الثَّمرَ نَاضِجًا

....

مراجعةٌ عامةٌ
للمهارات اللغوية الرئيسة
في الجزئين الأول والثاني من الكتاب

١ أُكْمِلُ كِتابَةَ الْحُروفِ الْمُتَشابِهَةِ في الشَّكْلِ كَما في المثال :

ب ت ث	ج	ر .....
د	ص	س .....
ط	ض	ع .....
ف	ذ	ك .....

٢ الْحُروفُ الآتيةُ مُتقاربةٌ في النُّطْقِ ومُخْتلِفَةٌ في الشَّكل أَقْرَأُها ثُمّ أَرْسُمُ ◯ حَوْلَها كما في الْمِثالِ .

سارَ	صارَ
ضِرس	دَرس
قلب	كلب
تين	طين

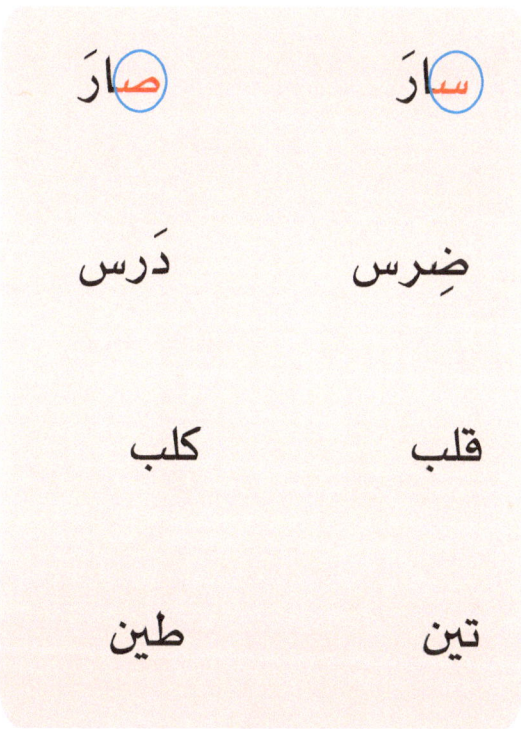

٣ أمْلأُ الفراغ بكلمةٍ فيها:

-.............. الدَّجاجةُ بيضةً (ض)

-قَبَضَ الشُّرطِّيُّ على .... (ص)

-تلبدّتِ السَّماءُ بـ.......... (غـ)

-.......... أَبي مِنَ السَّفَرِ (عـ)

٤ أَصِلُ بِسَهْمٍ بَيْنَ الشَّيءِ والْمكانِ الّذي يُباعُ فيهِ.كمَا في الْمثال:

الْخبزُ	الْمكتبةُ
الْكُتُبُ	الْبَقّالَةُ
السَّمَكُ	الصَّيْدَلِيَّةُ
الدَّواءُ	الفُرْنُ
الشُّوكولاتةُ	الْمَسْمَكَةُ

٥ أَضَعُ النِّقاطَ اللّازِمةَ لِتُصبحَ الكلمةُ صحيحةً.

حَٮلٌ

ذَٮلٌ

غُٮومٌ

مِطَلّةٌ

ٮاٮٌ

ضِفْدعٌ

ٮوْٮٌ

أرهارٌ

سَمْسٌ

حقٮبةٌ

ٮُڡّاحٌ

عَٮْنٌ

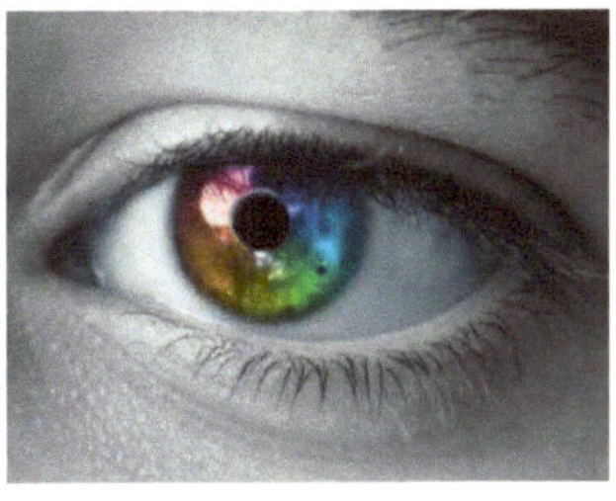

٦ أَلوِّنُ الكَلِمةَ الصَّحيحةَ .

-الكلمةُ الّتي تَدُلُّ على أكْثَرَ مِن اثنينِ هي :

أبْناء   بِناء

-الكَلِمةُ الّتي تَدُلُّ على واحدٍ هِي :

شَجَرَ   حَجَر

-الْكَلِمَةُ الْتي تَدُّل على اثنين :

بُسْتَنان   كُرَتان

-الخيّاطُ يَخِيْطُ ...

الخِزانةَ   الْمِعْطفُ

-جَمْعُ مُسَافِرٌ ...

مسافِران   مسافرون

-الطَّويل ضِدُّها .....

سَمْينٌ   ضَخْمٌ   قَصيرٌ

-علامَةُ التَّرقيمِ المُناسِبة ((أين وَضعتَ الحقيبَة))

!   ؟   .

٢١ أُحَوِّلُ الْجُمَلَ الآتيةَ مِنَ الْمُؤَنّثِ إلى الْمُذَكّر:

الطِّفْلَةُ تَلْعَبُ مَعَ أُخْتِها

- ....

شَرِبَتِ الطِّفلةُ عَصيرًا لذيذًا

- ....

قَرَأَتْ رايةُ قِصَّةً جَميلةً

- ....

٨ أَصْلُ بِسَهمٍ بينَ المُفْردِ ومثناهُ وَجَمْعِهُ .

جَبَلٌ	شارِعانِ	جِبالٌ
حَقْلٌ	مَزْرَعَتانِ	حُقولٌ
مَزْرَعَةٌ	حقلانِ	مَزارِعُ
شارِعٌ	جبلانِ	شوارِعُ
حَديقَةٌ	شمعتانِ	شُمُوعٌ
نَهْرٌ	بَحْرانِ	بِحارٌ
بَحْرٌ	نَهْرانِ	أَنْهارٌ
شَمْعَةٌ	حَديقتانِ	حَدائِقُ

٩ أقرأُ الْكَلِماتِ الآتيـة وأكْتُبُها في الْفراغِ الْمُقَابلِ حسَبَ نُطْقِ اللَّام.

الْكلمة	لامٌ لا تُلْفَظُ	لامٌ تُلْفَظُ
الْبَحْرُ	....	الْبحر
الْقارِبُ	....	....
الْجامِعُ	....	....
السّفينةُ	....	....
الشِّراعُ	....	....

١٠ أَسْمَعُ الْمُعَلِّمَ ثُمَّ أكْتُبُ الْحرَكةَ الْمُناسِبةَ على الْحرفِ الْمُلوَّنِ .

نضَالٌ   ولدٌ   شجَاعٌ

سميرة   تلميذة   مجتهدة

ربابُ   تكوي   ثوبها

قدَّم   باسِم   هدّية   لصديقه

١١

أسْمَعُ وأكْتُبُ التَّاءَ الْمُناسِبَةَ ت ـة ة مكان الْفراغ .

-راحـ..... حَنانُ إلى الْمَدرسـ......

-اشترى أبي هَديّـ.... العيدِ إلى الْمُجتهدِ... سَمير.... .

-سُعادُ بِنْـ..... نَشيطـ......

-قَرأَ .... بثينـ.... الْقِصّـ.....َ الْمُصوَّ.....َ .

أُرَتِّبُ الْكَلِمَاتِ الآتيـة، وأُكَوِّنُ جُمْلَتَيْنِ مُفيْدَتَيْنِ لِكُلِّ مجموعة .

حافلةَ عَوْنٌ يَنْتَظِرُ الْمدرسةِ

....

....

لِأُمِّهِ زَيْدٌ يَقْطِفُ الأزْهارَ .

....

....

أَوراقُ في الْخريفِ الْأَشْجَارِ تسقطُ .

....

....

١٣ أُرَتِّبُ الكلماتِ في كُلّ سَطْرٍ لِأُكوِّن جُملةً مفيدةً .

أَسيرَ على الرَّصيفِ أَنْ يَجِبُ عَليَّ

....

وَجهي أغْسِلُ فُطوري أتناولُ ثُمَّ

....

يَصنَعُ البابَ الخَشَبِ النّجارُ مِنَ

....

١٤ أَضعُ نَحْنُ هو أنا هي في الفراغ .

- .... تَلْعَبُ مَعَ صَديقَاتِها . - .... أَلْعَبُ مع أَخي .

- .... يكتبُ في دَفْتَرِهِ . - .... نَحْتَرِمُ الْمُعَلِّمُ .

١٥ الحَرْفُ النّاقِصُ من الْكلمات الآتيـة، أخْتارُه من الْقَوْس الْمقابلِ.

- زَ....ع خَا....ي شَجَرَ.... خَوْ..... (خ ل ر ة)

- مُنْذِ.... تِلْمِـ...ذُ نَـ....يطُ (ر ش ي)

- ..عِبَ زَ....ادُ مَعَ سا....رِ (م ي ل)

١٨ ما عَدَدُ الأَحْرُفِ في كُلِّ كَلِمةٍ من الْكِلماتِ الآتيـة :

جَلَسَتْ

مِهْرَجانٌ

مَدْرَسَةٌ

الْمَنَاظِرُ

مُعَلِّماتي

١٩ أَضَعُ الْهَمْزَةَ في مكانِها الْمُناسِبِ:

أَ   أُ   إِ

اب   ابْرَةٌ   امُّ   انا

انْوَرُ   احبُّ   اخي   ايمانُ   ابيض

اسْوَدُ   اسدٌ   راس   ارنبٌ   فار   اسُود

٢٦ أَكتبُ الْكلمةَ الْمُناسِبةَ حَسَبَ الْمطلوب :

- .... طَبِيبُ الأَطْفالِ (اسم اشارة)

- .... طارِقُ الْحَلِيبَ (فعل)

- هَلْ تَلْعَبُ في الصَّفِّ .... (علامة ترقيم)

- .... طِفْلٌ ذكيٌ (اسم)

- .... جَدِّي جَائِزَةً لِضِرارٍ (بمعنى قَدَّم)

- سَقَطَ الْعُصْفُورُ .... الأَرْضِ (حرف جرّ)

٢٥ أُلوِّنُ الكلمَةَ الْمُخَالفِةَ،ثُمّ أُكْتُبُها في الْفَراغِ الْمُقابِلِ:

- طاقيّةٌ / قَلَمُ / ثَوْبٌ / بِنْطالٌ .

- الرَّبِيعُ / الْخَرِيفُ / الأَزْهَارُ / الصَّيفُ .

- مَقْعَدٌ / لَوْحٌ / طَبَاشِيرٌ / مَطْبَخٌ .